幼儿教师家园沟通与指导

主 编 岑 俊 蒙彩较 主 毅

文化发展出版社
Cultural Development Press
· 北京 ·

图书在版编目（CIP）数据

幼儿教师家园沟通与指导 / 岑俊，蒙彩较，主毅主编．— 北京 ：文化发展出版社，2024.3

ISBN 978-7-5142-4042-9

Ⅰ．①幼… Ⅱ．①岑… ②蒙… ③主… Ⅲ．①幼儿园－家长工作（教育）Ⅳ．① G616

中国国家版本馆 CIP 数据核字 (2023) 第 137707 号

幼儿教师家园沟通与指导

岑　俊　蒙彩较　主　毅　主编

出 版 人：宋　娜

责任编辑：周　蕾　　执行编辑：王雅文　　责任校对：岳智勇

责任印制：邓辉明　　封面设计：知更壹点

出版发行：文化发展出版社（北京市翠微路 2 号　邮编：100036）

网　　址：www.wenhuafazhan.com

经　　销：全国新华书店

印　　刷：三河市新科印务有限公司

开　　本：780mm × 1092mm　1/16

字　　数：221 千字

印　　张：12.5

印　　册：3000

版　　次：2024 年 3 月第 1 版

印　　次：2024 年 3 月第 1 次印刷

定　　价：46.00 元

I S B N：978-7-5142-4042-9

编委会

主　编　岑　俊　蒙彩较　主　毅

副主编　王珍珍　劳莉萍　梁朝钧　农俏伶

　　　　黄滟晰　黄美娥

编　委　罗凤全　陆　艳　李桂春　黄华良

　　　　陆秋春　钟一翡　刘　艳　卢　艳

　　　　牛嘉歆　陈书炫

参编单位

百色职业学院

前言

随着学习型社会的创建，幼儿园不再单一地承担教育和养育幼儿的任务，也不再是一个封闭的组织，而是通过各类与之相关的信息和资源的不断输出和输入，实现社会服务价值，并获得新的发展契机。家庭与幼儿园（以下简称“家、园”）之间的沟通合作就体现了这种服务性与开放性。《幼儿园教育指导纲要（试行）》中明确指出，“家庭是幼儿园重要的合作伙伴。应本着尊重、平等、合作的原则，争取家长的理解、支持和主动参与，并积极支持、帮助家长提高教育能力。”家、园沟通一方面体现了家、园共育的理念，另一方面为家庭和幼儿园双方提供了学习和发展的机会。在新的时代背景下，家、园沟通从理念到形式都发生了较为深刻的变化。

家长工作是幼儿教师工作的重要部分，家、园合作对幼儿教育也十分重要，幼儿一日生活中有不少环节需要教师与家长沟通，比如入园、离园等。

本书根据幼儿一日生活环节中常见的各种情况，以案例形式呈现，具体问题具体分析，以期对幼儿教师顺利开展家长工作有所启发，是一本讲述幼儿教师如何与家长沟通，使幼儿园教育与家庭教育相一致的实用类教材。

由于笔者水平有限，书中难免存在不妥或疏漏之处，恳请广大读者批评指正并提出宝贵意见。

目　录

项目一 幼儿在园问题

学习目标

了解幼儿在幼儿园中出现的常见问题的表现形式及其原因；能运用适当的策略与方法帮助家长解决幼儿常见问题。

知识储备

本项目主要论述在面对幼儿在园中出现的问题时，教师如何与家长进行沟通，从而获得家长的支持。具体从生活习惯、心理健康、社会适应三个方面分析幼儿出现的问题及原因，并结合案例分析幼儿教师在家园沟通中如何争取到家长配合的策略、方法。

思政目标

树立规则意识，培养精益求精精神，培养学习工作的严谨态度。

任务一　生活习惯

培根说得好：“习惯是人生的主宰，人们应当努力地追求好习惯。”而幼儿园的孩子正是人生习惯养成的最佳时期，良好生活习惯的养成不仅使幼儿掌握了一些生活技能，而且劳动观念、集体观念明显增强，还培养了幼儿的个性品质，为幼儿今后的学习、生活打下了坚实的基础。良好习惯的养成将使人终生受益。良好生活习惯培养的过程是一个长期的过程，它需要教师和家长的配合，教师要有长久的耐心、和蔼的言语，还要有一颗爱孩子、包容孩子的心。积极与家长沟通，使家长及时掌握幼儿在园生活活动的表现，帮助家长分析幼儿各种行为背后反映出的问题，并提供相应的教育建议，是促进家园合作的重要方式，有利于培养幼儿良好生活习惯。本节主要讨论与饮食、午睡、盥洗、安全有关的家园沟通问题。

生活习惯

一、饮食

古语有云：民以食为天。中国人向来把吃饭当做很重要的事来看。《幼儿园教育指导纲要（试行）》也明确要求："幼儿园必须把保护幼儿的生命和促进幼儿的健康放在工作的首位。"而对于在成长发育中的孩子来说，饮食直接影响他们的健康，然而随着独生子女家庭的日益增多，孩子们的"吃"成为了家长们操心的问题，家长惟恐其有饮食不正常、偏食、挑食等现象。因为良好的食欲和良好的饮食习惯，对幼儿身心健康发展至关重要。因此，幼儿良好饮食习惯的培养应引起我们的高度关注。那么通过家、园沟通，为家长在幼儿饮食方面提供一些系统科学的知识，与家长在育儿方面达成一定的共识也就成为了幼儿园的一项重要工作。

案例：苗苗是个见饭就皱眉的孩子。在家里，奶奶总是端着碗，跟在苗苗后面追着喂。一天，孩子们在幼儿园吃的晚饭是馄饨。苗苗先东张西望了一会儿，用勺子舀起一勺汤，吹一吹放入嘴中。她喝了无数口汤，可就是不吃馄饨。老师走到她身旁轻轻地说："我们要把小馄饨都藏在肚子里。回家可没有这么好吃的馄饨啦，吃得多，才长得高，身体棒。"听完后她说："妈妈也是这样说的。"老师说："对！我们的苗苗小朋友可棒了，现在都能自己吃饭了！"听老师这样一说，她又盛了一勺汤放入口中。这时，老师拿起碗盛起一个小馄饨放入她嘴里，她大口大口地吃起来，不再东张西望，一直盯着老师的勺子什么时候往她嘴里放。老师喂了她几口后，她说："我要自己吃。"老师轻轻摸了摸她的头。她很高兴，不一会儿，一碗馄饨就吃完了。

分析：在幼儿园中，孩子们来自不同的家庭，饮食习惯大相径庭，譬如：有的孩子酷爱面食；有的孩子喜欢吃米饭；而有的孩子没有肉就不吃饭。在集体生活中，孩子们会慢慢接受不同食物的味道，但是一些幼儿却或多或少地存在着挑食、厌食、偏食等饮食问题。如有的幼儿只吃白饭不吃菜；有的幼儿则只吃菜不吃饭或饭吃得很少；有的幼儿则只挑自己喜欢的菜类来吃等。案例中的老师，较为敏锐地发现了本班幼儿的进餐问题，并及时进行了引导，很好地解决了问题。但造成幼儿膳食问题的原因是多种多样的，譬如：饮食缺乏多样性、成人的负面影响等，所以孩子的不良饮食习惯仅依靠老师单方面的努力是不够的，还需要家长的配合。

沟通要点

不良的饮食习惯将会造成幼儿营养不良，严重影响幼儿的身心健康。针对幼儿在饮食方面存在的一些问题，教师应该怎样与家长进行沟通呢？

1. 及时与家长交流，共同了解孩子产生不良饮食习惯的原因

孩子为什么会挑食、厌食呢？原因是多种多样的。面对不同的家庭、不同的幼儿，教师需要及时与家长进行沟通，了解孩子形成这个不良习惯的原因。是因为孩子有心理压力而食欲自然有所减退，还是因为不愉快的进餐体验，如被热汤烫、口味太重、菜色单调等；是因为家长过于溺爱，让孩子养成了“饭来张口”的习惯，还是家庭膳食搭配不科学，造成幼儿挑食、偏食；或者是照顾者如父母本身的不良饮食习惯对孩子造成了影响呢？教师在了解原因之后，再根据实际情况采取对应的方法，让家长配合幼儿园工作，改变幼儿的不良饮食习惯。

2. 向家长宣传幼儿膳食营养卫生知识，帮助家长树立科学的育儿观

现在大多数幼儿是独生子女，家长们都舍得为孩子花钱，但由于部分家长缺乏营养知识，不懂得科学的喂养方法，使一些孩子养成了偏食、挑食的习惯。为此，教师应该为家长提供正确的饮食营养知识，使家长正视孩子存在的问题，并认识到偏食、挑食等对孩子的危害，从而配合教师做好幼儿膳食工作。

3. 让家长认识到孩子吃饭的重要性，以身作则

孩子饮食结构的合理、均衡在很大程度上取决于父母的饮食习惯和结构。孩子随时随地在观察和学习父母，有时在餐桌上父母无意中会说：“这个菜真难吃！”“今天又吃这个菜，我最不喜欢吃了。”过了不久，父母可能会发现孩子也不吃这个菜了。因此在孩子成长的过程中，父母首先要以身作则，保持良好的饮食习惯。作为家长，应做到以下七点：①购买食品种类丰富，包括水果、蔬菜、全麦粉面包及其他谷类食品；

②吃饭时间固定；③零食或加餐中限制糖和脂肪的量；④不应吃太多盐；⑤让孩子喝足量的水和牛奶，尽量少喝果汁和碳酸饮料；⑥饮料中避免咖啡因；⑦家长以身作则（如果你喝可乐或冰茶，就不能期望你的孩子喝水、喝牛奶）。

4. 鼓励幼儿进步，帮助其逐步养成良好的就餐习惯。

每个孩子都可能存在不同程度的偏食问题，家长越强行纠正，孩子可能会越反感，因此，家长不宜强迫孩子进食，否则可能适得其反。对于孩子不爱吃的食物，家长可以在烹调方法上下功夫，如注意颜色搭配、适当调味或改变形状等，不爱吃炒菜就用菜包馅，不爱吃煮鸡蛋就做蛋炒饭，总之要多变些花样，让孩子总有新鲜感，慢慢适应原来不爱吃的食物。很可能过一段时间后，孩子会接受某种原来不爱吃的食物。但也不能因为孩子不爱吃某种食物就不再给他做，听之任之。对孩子克服偏食的每一点进步，家长都应予以鼓励，这样孩子也会很乐意继续进步的。

二、午睡

睡眠对每个人来说都是很重要的，有充足的睡眠时间，第二天才会有充沛的精力工作和学习。通过睡眠，人体的大部分器官得到休息，这对幼儿的生长发育至关重要。幼儿睡眠时能量与氧的消耗量小，生长激素分泌增加，有利于生长发育及脑功能的发育。睡眠充足的孩子精力充沛、情绪愉快、食欲好、长得健康；睡眠不足的孩子无精打采、烦躁易怒、食欲减退，体重身高增长缓慢。所以，午睡作为幼儿在园生活的一个环节，看似简单，实则非常重要。孩子在经过一上午的活动之后，身体开始感到疲劳，这时通过午睡，孩子们能恢复体力，大脑也能得到充分的休息，满足了幼儿的生理需要，为下午活动的顺利开展提供了身体保障。因此，怎样家园合作帮助孩子们能尽快入睡，保证睡眠时间，养成良好的午睡习惯，提高幼儿睡眠的质量就成为极其重要的问题。

案例 1：云云小朋友是一个乖巧听话的孩子，年龄比较小，各方面能力都不错。可是每次午睡她总是睡不着，老师怎么哄都不行。有时老师陪在她旁边摸摸她的头，拍拍她的身体，看着她闭上眼睛一动不动，就以为她睡着了，可是老师一走开，她马上又睁开眼睛。

案例 2：诺诺也是一位中午不睡觉的小朋友，每次睡下不到十分钟，他就开始叫："老师，我要解小便。"小便解了不到五分钟，他又叫："老师，我要小便。"如果不给他解，他就解在裤子上，然后对老师说："老师，我小便解在裤子上了，给我换一下。"不理他呢，他就一直叫呀叫，吵得大家都醒了。没办法，只好由着他解小便。

分析： 在幼儿园中，经常发生与上述案例类似的情况。休息时，尽管老师不断强调"闭上眼睛，安静入睡"，但仍有幼儿偷偷说话；有些幼儿在床上像是热锅上的蚂蚁，翻来覆去；有的幼儿抬头东张西望、自言自语，并不停地做一些不良的小动作，如咬被角、撕棉絮、挖耳鼻等。造成幼儿午睡问题的原因是多种多样的，譬如，睡眠环境的变化，缺乏足够的安全感；家长不重视幼儿的睡眠，幼儿没有形成良好的作息习惯；午睡时有特殊的习惯等。所以改变孩子的不良午睡习惯仅依靠老师单方面的努力是不够的，还需要家长的配合。

沟通要点

睡眠看似一件小事，但却与孩子的身体健康息息相关，因此需要培养幼儿良好的午睡习惯。那么面对孩子的午睡问题，教师该如何与家长进行沟通呢？

1. 让家长了解幼儿午睡的重要性，提高家长的认识。

有些家长认为："孩子睡不睡午觉无所谓，对身体不会有太大影响，任其自然吧。"其实不然，睡与不睡对脑细胞和脑神经有直接影响，特别是对记忆力的影响是很大的。教师应通过家长会、家园之窗等向家长宣传充足的睡眠对幼儿生长发育的重要性，以及不良睡姿、不合理无规律的作息时间对幼儿健康的危害等，帮助家长提高认识，促使家长关注幼儿良好的生活习惯的养成，改变教养态度，从而使家园步调一致、相互配合。

2. 针对不同家长提供个性化指导，家园合作共同帮助幼儿养成良好的午睡习惯。

导致幼儿形成不良午睡习惯的原因是多种多样的，家长对于与自己孩子午睡有关的信息需求也是不同的，这就要求教师在家园沟通中为不同的家长提供不同的建议，针对存在不同午睡问题的幼儿，对症下药。譬如对于入睡困难的幼儿，教师可以通过与家长个别交谈、网上沟通等形式，了解幼儿的作息与在家睡眠状况，及时与家长进行交流和商讨，争取家长的配合，督促幼儿按时睡觉、起床、来园，使幼儿的午睡时间与晚上的睡眠时间得以协调。对于午睡中有不良行为的幼儿，教师应指导家长配合做到及时发现、及时阻止、及时纠正，在幼儿园如此，在家里也要坚持。而对于受家长不良生活习惯影响的幼儿，教师应帮助和指导家长对幼儿的生活进行妥善安排，为幼儿建立合理的生活节奏，不要忽视幼儿的睡眠时间，使其养成良好的生活习惯。

三、盥洗

中国著名儿童教育家、儿童心理学家陈鹤琴先生曾说：“人类的动作十之八九是习惯，而这种习惯又大部分是在幼年养成的，所以在幼年时代应当特别注重习惯的养成。但是习惯不是一律的，有好有坏，习惯养得好，终身受其福，习惯养得不好，则终身受其累。”孩子应从小养成良好的卫生习惯，尤其是良好的盥洗习惯，它们是保证孩子一生身体健康和幸福的关键。

案例：又到了盥洗时间，和往常一样，孩子们排好队和老师进入盥洗室。婷婷、美美先把自己的小手冲湿，然后从篮子里取出肥皂，小肥皂在她们的小手上搓呀搓……而另一边，奇奇、峰峰几个小朋友用手接满了水，把满满的一捧水洒在肥皂篮子里和梳妆镜上；英英则很马虎地把小手在水龙头下冲一冲就离开了盥洗室；再看点点，在梳妆镜前不停地扭动着屁股，手舞足蹈地比画着；燕燕却被粗壮的俊俊挤了出来。

分析：在幼儿园中，我们经常可以发现班上有些幼儿在盥洗时存在一些不良习惯，比如贪玩；洗手时马虎、图快；爱讲闲话，动作太慢；有些幼儿喜欢玩水，把水洒在地上，还有个别幼儿嬉闹、推挤，不按次序。为什么有些孩子在盥洗时很敷衍呢？一是因为幼儿贪玩好动；二是因为孩子还没有形成洗手与身体健康有着至关重要的联系的意识，把洗手当成老师要求完成的任务来做；三是因为孩子还没有形成良好的盥洗习惯。那么怎样才能让孩子在盥洗这一生活环节的目标顺利实现呢？除了需要教师在幼儿园中对其进行指导之外，还需要家长在家的配合与支持。

沟通要点

针对幼儿在园中存在的不良盥洗习惯，教师除了可以根据幼儿发展的个性化特点，进行生活指导外，还需要家长的配合与支持。那么教师在家园沟通中，该如何与家长进行交流呢？

1. 帮助家长认识到幼儿盥洗的重要性。

教师应通过与家长沟通，了解幼儿在家中的盥洗情况，分析不良盥洗习惯形成的原因，汲取家庭教育中的经验，使幼儿园的教育更具针对性。同时可以搜集有关医学、卫生学等领域的专业知识，帮助家长认识到不良盥洗习惯对幼儿身体发展以及将来生活产生的危害。

2. 让家长了解幼儿盥洗习惯培养的要求及方法，为家长提供合理教育观念与方法。

幼儿往往对盥洗表现出极大的兴趣，因此，建议家长在家中为幼儿创设良好的盥洗环境，并发挥自身榜样的作用，适时进行引导。如给孩子准备专用的洗手液和肥皂、毛巾、润肤油等用品，放在幼儿可以自由取放的地方。同时家长是幼儿模仿的重要对象，他们的日常行为随时都对幼儿产生潜移默化的影响。因此，家长要做有心人，平时要善于抓住一切有利机会为幼儿做好行为示范。

四、安全

幼儿园是众多幼儿集体生活的场所，让幼儿幸福、快乐、健康、安全是所有家长和教师的美好愿望。但由于幼儿年龄小，身体的协调性较差，缺乏生活经验和防范的基本意识，自我保护意识弱等，幼儿园经常发生幼儿安全事故。因此，认识生活中的各种安全问题，远离危险，是幼儿成长道路上不可缺少的一课。当然，无论是家庭还是社会，都要了解关于儿童安全的必要知识，使发生在他们身上的意外事故减少到最低限度。

案例：5岁的湛湛在一家中英文幼儿园上课时，老师叫他上前交作业簿，湛湛因为刚好完成了“任务”而有点兴奋，走得快了些，不慎绊倒，头部撞到了写字台边上，其眉间鼻背上均被碰伤。幼儿园老师见状，马上抱起湛湛赶去医院治疗，并垫付了医疗费211元。经医治，虽然湛湛的伤痛消除了，但遗憾的是其两眉之间留下了明显的疤痕。

分析：虽然多数幼儿园已经对地面、墙面、家具等做过安全处理，但幼儿园安全事故时有发生。究其原因，主要是由于孩子尚处在幼儿期，身体机能发展不完善，安全及自我保护意识不强，如上述案例中的湛湛之所以会撞伤，就是因为他缺乏安全意识，因而教师需要让幼儿了解一些生活常识，丰富幼儿对不安全因素的认知，增强幼儿自我保护的能力。譬如，在室内布置一些安全标记，比如在窗台张贴禁止攀爬的标记；在楼道张贴下滑危险的标记，时刻提醒幼儿注意安全。

沟通要点

幼儿发生意外事故，这是家长、教师最不愿意看到的。但是当幼儿发生安全事故后，教师应该立即进行救治，并及时与家长取得联系，进行沟通。

1. 及时如实地告知家长幼儿的情况，争取家长理解。

幼儿教师在应对幼儿安全事故时，应本着对幼儿园负责、对家长负责、对幼儿负责的态度。当幼儿在幼儿园发生意外之后，教师应尽快从自责、懊丧的情绪中走出来，在照顾好其他幼儿的前提下，如实将检查结果、病历和治疗过程情况及时告知家长，以诚恳的态度与家长进行沟通，对事情发生的过程进行说明。如果遇到家长（特别是祖辈家长）不冷静，有过激行为或确实难以沟通时，教师应多换位思考，体谅家长的心情，及时反思、调整与家长的沟通策略。

2. 及时家访。

事故发生的当天，家园都忙于关注孩子的伤情和救治，教师不便与家长详细沟通，因此，当班教师、班主任、园长应该进行一次及时的家访，进一步了解、关心幼儿的伤情，并在家长比较冷静的情况下，再一次详细说明事情发生的全过程。通过交流沟通，明确事故责任，本着教育的目的对当事人进行一定的处理，并建立和完善相关的安全管理制度，从而增进家园间的理解，达成处理此事的共识。

任务二　心理健康

在现代社会，心理问题越来越受到人们的重视，人们对健康的认识也日益深入。关注儿童早期发展中的心理健康状况，并加以及时引导，是幼儿教育工作者不容忽视的一个重要问题。《幼儿园教育指导纲要（试行）》明确指出“幼儿园必须把保护幼儿的生命和促进幼儿的健康放在工作的首位。树立正确的健康观念，在重视幼儿身体健康的同时，要高度重视幼儿的心理健康”。本节主要讨论家园沟通中与幼儿情绪健康、告状、性教育有关的获取家长配合的问题。

一、情绪健康

情绪是一种复杂的心理历程，其是受到某种刺激所产生的身心激动状态。幼儿的情绪由于受到各种不同情境因素的刺激，反映出的情绪类型不同，情绪表现方式也不同。幼儿的情绪问题主要表现在：哭闹、发脾气等入园焦虑；吮吸手指、抓人等；遗尿、恋物习惯等。本部分针对幼儿在园存在的情绪问题，探讨与家长进行沟通的策略与方法。

案例1：婷婷是个随和的孩子，今年2岁半了，虽然第一次离开家，早晨入园时会哭上一阵，但老师一哄就好了，基本上能够按照老师的要求去做。黎黎可就不行了，已经快3岁了，在托班也算较大的孩子，可她一入园就哭个不停，怎么哄都不行，只黏着一位老师，别人谁说都不成，有时在院子里情绪还好些，一进教室就哭个没完，怎么哄都无济于事。

案例2：磊磊爸爸是某公司的汽车司机，将近40岁的时候才有了磊磊，老来得子的喜悦一直萦绕着他。为了带磊磊，他向单位要求常年上夜班，单位为了照顾他，就同意了他的请求。这样，磊磊白天由爸爸带，晚上由妈妈陪伴。今年磊磊3岁了，到了上幼儿园的年龄。入园后，磊磊的反应较大，对幼儿园的陌生环境显得非常不适应，整天哭闹，不吃不喝，甚至深夜从梦中惊醒，哭闹着不上幼儿园，爸爸妈妈都很是心疼，上班也不安心。

分析：每个孩子的生活环境不同，性格不同，因此在幼儿园中表现出来的情绪反应也有所不同。对于刚入园的孩子，在幼儿园出现诸如哭闹不停等情绪问题，究其原因，与孩子生活、学习环境等发生变化有关。但对于幼儿在适应入园之后出现的一些情绪问题，如任性、自卑等，原因则是多方面的，譬如家长教养方式、教养态度不一导致幼儿情绪问题积累无处释放；或者是家长忽视孩子的情绪问题，没有进行及时疏导等。不良情绪不仅会影响幼儿的身体健康，更会影响幼儿将来的学习与生活，因此，疏导幼儿的不良情绪是幼儿园与家庭进行幼儿教育工作的一个重要方面。

沟通要点

针对幼儿在园出现的一些不良情绪，教师该如何与家长进行沟通，共同帮助幼儿消除不良情绪呢？

1. 引导家长认识幼儿情绪教育的重要性。

部分家长对孩子的情绪问题反映过于激烈，认为是一件很不好的事情，表现出很焦急的样子，期望及时解决孩子的情绪问题。有的家长则不以为然，他们认为小孩子就是这样的，长大自然就会好了，忽视了孩子的心理问题。实际上，幼儿的情绪具有不稳定性和外显性。他们的情感得到了满足，情绪就呈现出积极健康的一面；反之则会产生消极的情绪。因此，家长应认识到幼儿情绪教育的重要性，通过情绪教育提升幼儿的情绪适应能力，做到防患于未然，避免不应该出现的幼儿情绪问题，将幼儿的情绪导向健康、积极的一面，重视孩子的情感需求，促进其情绪健康。

2. 帮助家长学习和掌握幼儿情绪教育的基本方法。

虽然一些家长对孩子出现的情绪问题很着急，但却不知该如何引导教育，缺乏幼儿心理健康教育的必要常识。其实，家长的教育观念对孩子的情绪态度起着很大的决定作用。因此，教师可以通过家长会、网络论坛等形式与家长进行交流，教给家长一些科学的、正确的、符合幼儿年龄特点的幼儿情绪教育的方法。譬如，宽容和理解孩子，当孩子有异常情绪反应时，家长应持理解和宽容之心，尽量平静对待；做孩子的倾听者、支持者，做他们的朋友；关注幼儿情绪，帮助孩子学习控制自己的情绪、认知自身的情绪；让孩子了解到各种情绪都是正常的心理反应，使其了解各种情绪的表现，形成正确的情绪观；等等。

二、告状

幼儿告状行为是指幼儿在幼儿园日常生活中为自己受到来自同伴某一方面的侵犯，或者发现同伴的某种行为与幼儿园的集体规则、教师的某项要求不相符合时，向教师发起的一种互动行为，这种行为的突出目的是要阻止同伴的行为。① 相关调查资料显示，幼儿园中每天约有 60% 的幼儿向老师告状，有的每人每天告状次数达 5 次之多。不同年龄段的幼儿在告状时会采用不同的策略，同一年龄段的幼儿也会根据不同的情境采用多样化的告状策略。孩子的告状看起来事情很小，也很普遍，但如果处理不当，就会在无形之中影响孩子之间的关系，而且会对幼儿的心理健康成长产生一定的影响。

案例：活动课，幼儿分组活动，有的幼儿玩滑梯，有的幼儿结组做游戏。玩滑梯的一组幼儿一个挨一个地玩，航航伸手推前面的琳琳，想挤到前面去。琳琳扭头看他以示抗议，但航航还是几次伸手推她。“老师，他推我！”琳琳委屈地说。这时，正在组织一些幼儿做游戏的老师转过身看着琳琳说：“怎么了，又告状，是不是不想玩了？”

① 刘晶波．社会学视野下的师幼互动行为研究：我在幼儿园里看到了什么［M］．南京：南京师范大学出版社，2006.

然后瞪了航航一眼，航航立即排好了队。

分析： 在幼儿园的一日生活中，幼儿与同伴之间产生的矛盾、冲突是极为频繁的。一般孩子都会告状，这是由于年龄的关系，幼儿期的孩子认知水平低，判断评价能力、独立性等还很差，依赖性较强，缺乏独立解决问题的能力，而成人特别是幼儿教师是他们心中的权威，所以当受到同伴侵犯，或发现周围同伴违背行为规则时，就会本能地告知老师。他们朦胧的评判需要从老师那里得到印证和支持。案例中，琳琳受到航航的侵扰，所以才告状，希望老师能够提供援助以帮助自己摆脱困境，但老师想尽快处理这件事，没有重视原因，只看到琳琳告状这一事实而对她进行斥责，这对琳琳来说无疑是很大的伤害。因此，教师应了解幼儿告状的动机和目的，区别对待，尊重并公平地对待每个幼儿，认真对待幼儿的一切问题。

沟通要点

告状行为不仅在幼儿园中存在，在幼儿园外的日常生活中，幼儿之间也存在着告状行为。虽然告状是一个简单的、平凡的行为，但是每次告状的背后都隐藏着不同的背景和原因，因此，教师和家长应对症下药，给予幼儿适当的正确的引导，但最关键的是减少孩子之间的摩擦，培养孩子谦让和分享的良好品质，让孩子学会正确处理与同伴之间的矛盾，能够更好地与同伴交往。那么，教师该如何与家长进行沟通，共同努力减少孩子的告状行为呢？

1. 帮助家长认识幼儿告状的原因，引导家长重视幼儿与同伴之间交往的能力。

很多时候孩子告状是因为某件小事而与同伴产生矛盾，比如争抢玩具等，因此培养孩子的分享和谦让意识是非常重要的。虽然孩子不能理解“退一步海阔天空”的意思，但必须让孩子明白谦让和分享的道理，并告诉他们这样做才会有更多的朋友，如果经常与朋友产生矛盾，就会失去朋友。家长要多给幼儿创造交往的机会，鼓励幼儿参加各种各样的集体活动，引导幼儿把自己的东西拿出来与其他小朋友一起玩。如果孩子与同伴产生了矛盾，家长应让他们站在别人的位置上想想，养成换位意识，从而改变以自我为中心的思想。

2. 引导家长认识幼儿心理发展规律，为家长提供处理幼儿告状行为的策略与方法。

随着幼儿年龄的增长，幼儿心理、个性等方面的发展使得幼儿在告状行为上呈现出由无是非辨别型告状到有一定的是非辨别型告状的特点。因此，家长在处理幼儿因纠纷而产生的告状行为时，必须先了解纠纷的原因，经过调解加以解决。譬如，在处理为打抱不平而产生的告状行为时，应问明情况后，对那些敢于制止、揭发别人不良行为的幼儿给予表扬和鼓励；在处理因报复别人而产生的告状行为时，要对其进行认真的教育，让幼儿明白对人要以诚相待、友好相处，不窥探他人秘密，做一个正直的人。

3. 家园合作，在日常生活与教学活动中，通过不同的形式，培养幼儿独立处事的能力和良好品质，减少幼儿的告状行为。

教师可以通过组织幼儿看动画片、听故事、看电影等方式，有目的地引导幼儿评价其中人物的行为，从而丰富幼儿的是非经验观，提高他们的辨别能力，减少不良行为。或者提出一些幼儿在日常生活中遇到的问题，让幼儿自己来想办法解决，从而提高幼儿独立处事的能力和判断是非的能力，进而减少幼儿的告状行为。

三、性教育

提起性教育，很多家长持避而不谈的态度。但是，随着孩子生理和心理两方面发育逐渐成熟，性教育已经成为摆在桌面上的“必修课”了。孩子在日常同伴交往中已经产生了所谓男孩、女孩的概念，会做出一些性行为，包括对人体器官的关心。幼儿教师和父母都是孩子性教育的启蒙者，也是孩子最重要的性教育老师，因此要以自然、正常的态度，教导孩子正确的性观念，要让孩子在很自然的情况下，吸收性知识，使他的人生有个健康、美好的开始。

案例 1：最近，班上的孩子经常会问：“老师，为什么女孩子要蹲下来，我们男孩子就要在另一处站着小便呢?”而有的孩子经常会拉住我提出很多他关于成人生活的困惑。

案例 2：5 岁的梅梅最近“疯狂”地爱上了班里的小男生宣宣。她告诉妈妈，她已经跟宣宣举行了婚礼，现在已经是“夫妻”了，所以她每天早上都要带一份礼物送给宣宣。同样，宣宣也会每天送她一份礼物。他们的礼物有时是一粒糖，有时是一张贴纸，也有可能是一片树叶。梅梅的妈妈一点也不觉得奇怪，因为梅梅上了大班后，每隔一两个月都会结一次“婚”，每次她都会回来告诉妈妈，现在谁谁谁变成她的“丈夫”了。

分析：从以上案例中，我们可以看到幼儿园阶段的孩子开始关注自己和他人的身体特征，开始对两性之间的差别感兴趣，而且对“结婚”有一种朦胧的向往。像“结婚”这些与“性”有关的词语，学前阶段的幼儿虽然知道，但幼儿所赋予这些词语的意义，与成年人的理解有所区别。这是学龄前儿童的一种正常心理和生理反应，因此，教师或家长不必过分紧张，更不能粗暴地制止，也不能心不在焉地一笑了之，而是应该把这个时机当作一个有利的教育时刻。

沟通要点

在遇到与上述案例相似的情况时，教师该如何与家长沟通，从而更好地对幼儿进行性教育呢？

1. 通过多种途径，向家长介绍幼儿性心理发展规律，引导家长正确认识幼儿性教育。

幼儿性教育是对幼儿进行有关性科学、性道德和性文明教育培养的社会化过程。性教育不只是读一本书、听一次讲座或看一次录像，而是一个涉及家庭、学校和全社会的教育系统工程，也是一个随受教育者年龄的增长而不断发展的再社会化过程。因此，教师可以通过专题讲座、网络论坛等途径来引导家长了解幼儿的性心理发展规律，从而形成正确的性教育观念。譬如，从幼儿期，孩子开始认识自己的性别，并初步进入性别角色，那么面对幼儿提出的性教育问题，家长要做出积极回应，帮助孩子认同自己的性别，依性别规定他（她）的性别角色行为和动情反应；对于男女儿童性器官的差别和“我是从哪里来的”提问，父母可坦然相告，而不必三缄其口。

2. 教给家长一些对幼儿进行性教育的方法。

性教育就是一种生活教育、卫生教育、道德教育、责任教育和人格教育，家长应该以幼儿的身心年龄特点为科学依据，抓住生活的细节，因人而异，灵活又不失原则地进行健康性教育。现在很多家长虽然知道幼儿性教育很重要，却不知道该采取怎样的方式来进行性教育，因此，教师可以通过专题论坛、QQ 群讨论等形式教给家长一些对幼儿进行性教育的方法。譬如，向家长介绍一些专门设计给孩子和家长看，介绍生命的孕育、发展过程，男人和女人的不同等的画册或者图书、光盘，让家长与孩子一起阅读、观看。

任务三　社会适应

幼儿园是幼儿的一个小小社会，在幼儿园阶段，幼儿的社会交往能力、适应能力得到初步的发展。倘若幼儿在此阶段适应不良，往往会产生攻击性行为等，或者被同伴孤立，这些都将严重影响幼儿健康人格的形成，阻碍其步入社会后适应能力的发展。本节主要讨论与攻击性行为、特殊儿童和不合群有关的社会适应方面的问题。

一、攻击性行为

攻击性行为是任何形式的有目的的伤害另一生物体而为该生物体所不愿接受的行为。在不同年龄阶段有不同的表现形式。在幼儿园阶段主要表现为打人、推人、踢人等，是一种身体上的攻击；稍大一点的孩子更多是采用语言攻击，故意给对方造成心理伤害。幼儿的攻击性行为不但会对他人或集体造成危害，对其自身的健康发展也是很不利的。具有攻击性行为的幼儿，若不及时对其加以矫正，不仅会影响到他们道德行为的发展，而且容易形成攻击性人格，并造成其今后人际关系紧张和社交困难，有的甚至可能转化为犯罪行为。因此，家长和教师对于经常出现攻击性行为的幼儿，不可掉以轻心，必须及早予以矫正。

案例：明明今年4岁，是班级中个子最高、力气最大的男孩。他经常欺负其他小朋友。有时自由活动时，他双手一齐拍打他身边小朋友的肚子，把小朋友拍哭了；有时他有意拧其他小朋友的耳朵；有时他学着武打片里的动作，把其他小朋友的衣服弄脏、撕破，甚至打伤小朋友的眼睛、鼻子等。

分析：明明表现出的行为在儿童心理学上被称为攻击性行为。攻击性行为又称侵犯性行为，侵犯性是指身体上的进攻（打、踢、咬）、言语上的攻击（大声叫嚷、叫喊名字、贬低人），也可以是侵犯别人的权利（如用暴力抢走别人的东西）。幼儿之所以容易产生攻击性行为，一方面，与幼儿年龄特点有关，因为幼儿期是社会性萌芽时期，开始喜欢团体的游戏活动，同时又是以自我为中心的时期，缺乏必要的社会交往经验，这样就容易产生各种各样的攻击性行为；另一方面，与家庭教养等社会因素有关。所以，对于幼儿的攻击性行为，需要家长和教师的共同努力来加以矫正。

沟通要点

在幼儿园中面对如上述案例中的具有攻击性行为的幼儿，教师该如何与家长进行沟通呢？

1. 主动告知事情经过，引导家长逐步形成正确的教育态度。

幼儿有交往需求，但是他们的交往技巧有待发展，所以就经常与同伴产生冲突与矛盾，甚至大打出手。在出事之后，教师应该及时主动地与家长进行沟通，采用打电话或面对面的方式与家长交流对事件的看法以及自己的处理过程、处理建议。

2. 引导家长了解幼儿的交往特点，告诉家长孩子出手打人的原因。

孩子爱出手打人是家长很担心的一件事，对幼儿来说，出手打人主要是因为自我保护过度或不善于用语言表达需求等。孩子打人的初衷并不是想让对方痛苦，而是还不会用语言表达自己的心理需求，因此，家长可以蹲下来问孩子诸如“你是怕他抢走你的玩具吗?”“你是想与他一起玩吗?”“你是想玩他的玩具吗?”等问题，观察孩子对问题的反应，以确认孩子打人的原因。

3. 引导家长帮助孩子学会交往。

作为家长，要用语言引导孩子正确地理解自己和他人的意图，逐步学会“君子动口不动手”的语言交往方式。家长在家中可以尝试采用讲故事、情境表演等方式，针对孩子在交往中的具体问题，将其用故事或表演的形式表现出来，引导孩子学说故事中的话，并鼓励孩子将其中的对话运用到现实生活中，感知体验语言在与人交往中的实用性。渐渐地，孩子能够提高认知水平和语言表达能力，与其他小朋友和睦相处的能力也会越来越强。

另外，我们需要注意的是，幼儿攻击性行为发生的原因是多样的，可能是成人的错误示范、活动环境的拥挤、游戏资源的不足等外部原因，也有可能是幼儿情绪的不稳定、需要不能及时得到满足等内部原因。我们需要具体分析幼儿攻击性行为产生的原因，与家长通力合作实施教育，才能取得预期的效果。

二、特殊儿童

特殊儿童，狭义上是指身心发展有缺陷的儿童，又称身心障碍儿童或残疾儿童，如智力残疾、听力残疾、视力残疾、肢体残疾、言语障碍和情绪行为障碍等。特殊儿童和正常儿童身心发展的基本规律是一致的，不同种类和程度的残疾虽然会在某些方面影响特殊儿童身心发展的速度和水平，使他们不同方面的发展在不同程度上偏离了儿童正常发展的轨道，但是他们仍然是可以发展的。

案例： 盈盈是一个新来的小朋友，患有轻度孤独症。班主任李老师说："盈盈有'病'，小朋友要关心和照顾她。"可是孩子们并不理解这句话的意思。班里的欢欢小朋友喜欢模仿奥特曼的造型和动作，他一做奥特曼的姿势，盈盈就"啊——啊——啊"地叫，欢欢觉得盈盈非常滑稽，于是偶然的好奇变成了故意的取笑。一些家长听说有这样一个特殊儿童在班里就读，就要求自己的孩子转班，理由是让孩子跟比自己能力强的孩子在一起才能学到更多东西。李老师感觉虽然班里只有一个特殊儿童，但是与家长的沟通非常困难。

分析： 特殊儿童是社会中的弱势群体，相比之下，更需要教师耐心地培育。但是对于特殊儿童随班就读这样一种新型教育形式，目前，大多家长仍然不太了解。在家长的印象中，普通儿童在普通学校就读，有特殊需要的儿童就应该到特殊学校就读，难以理解或接受这两类儿童在一起学习和生活，因此在案例中，一些家长知道盈盈的情况之后要求换班。面对这种情况，教师要通过多种形式持之以恒地与家长进行沟通，向家长宣传全纳教育的意义。

沟通要点

教师在与有特殊儿童随班就读班级的家长进行沟通时，沟通的重点是帮助家长了解全纳教育，树立他们的教育信心，为孩子创设全纳教育的环境。

1. 主动沟通，为有特殊需要的儿童的家长搭建交流平台。

每个特殊儿童都有着一段辛酸的成长历史，他们承受着正常人难以了解的痛苦。而特殊儿童的家长也承受着正常儿童的家长难以体验到的压力、痛苦、无奈与无助，特别需要别人的理解、尊重、包容、鼓励与帮助。因此，教师要想了解他们，就要用真心去帮助他们，倾听他们的苦衷，利用家访、打电话或网上交流等形式主动与家长进行沟通，争取家长的信任与配合。同时，为有特殊需要的儿童的家长搭建交流的平台，满足他们被尊重、被理解的心理需求。比如，通过亲子活动、半日开放活动或者组建小范围的座谈会，让有特殊需要的儿童的家长倾诉自己的经历，给其他家长提问和了解他们的机会，让普通孩子的家长和这些有特殊需要的儿童的家长进行交流和互动，使普通家长了解特殊儿童家长的无助与付出，了解特殊儿童在情感上的需求，引导他们设身处地地为这些有特殊需要的幼儿和家长着想，发自内心地关爱体贴他们。

2. 向普通家长做好宣传工作，让他们了解特殊儿童以及全纳教育。

很多普通孩子的家长不能够接受特殊儿童随班就读，是因为他们不了解特殊儿童这个群体，较少有机会换位思考。因此，教师需要整理有关特殊儿童的特点及其教育等资料，张贴在教室外或发放给家长，让普通家长能够更了解特殊儿童及其教育。教师可以在每年的 12 月 3 日即国际残疾人日提供画报展板，帮助家长了解特殊儿童与正常儿童的区别、生活状态以及所需要的社会关爱等，让他们认识到这些孩子的加入丝毫没有影响到普通孩子的成长。

3. 鼓励普通家长与特殊儿童的家长自愿互助结对。

普通家长与特殊儿童的家长自愿互助结对是更加深入、长效的全纳教育形式。教师鼓励家长自愿报名，轮流在业余时间让有特殊需要的孩子与自己的孩子相处一段时间，这种得到了家长的支持和鼓励、日常生活中的相处，会更有利于将尊重、理解、同情、关心、帮助等优秀品质注入普通孩子的心中。有特殊需要的孩子因为得到了健康丰富的刺激和爱心的浇灌也会在康复之路上加快步伐，其家长的自卑孤独、无助无奈等消极心理也会得到稀释。

三、不合群

孩子 3 岁以后，如果较长时间不和小朋友一起游戏、经常独处以及被别的小朋友孤立等，都可以称为“不合群”。心理学中所讲的“不合群”是指儿童在与同龄人交往过程中表现出来的孤独、寂寞或懒于交际的一种特殊心态。孩子如果总是不合群，就会因为缺乏与同伴的交往，而产生孤独、执拗、任性等不良心理，这对智力发展和情感健康都很不利。现代幼儿心理学认为，学龄前幼儿正处于个性萌芽和初步形成期，应该抓住这个关键期对孩子给予正确的引导，使其形成良好的个性品质和开朗乐观、主动交往的性格雏形。但如果错过了学龄前这一最佳敏感期，很可能会影响孩子以后社会适应能力的发展与个人能力的正常发挥。因此，引导孩子喜欢交往、顺利交往，使他们愿意参加群体活动，是家长和教师的责任。

案例：彬彬今年 6 岁，是一个非常聪明的小男孩，在我们这个大集体中生活了已近两年的时间。他喜欢读书、绘画，喜欢一个人安静地活动，极少和周围的小伙伴合作游戏；对集体的事情漠不关心，不爱劳动，而且对其他小伙伴的行为表现出嘲讽的意味；学习时有偷懒的行为，自己上课不专心听讲，然后做题时照搬别人的答案；在活动中我行我素，对老师的批评不屑一顾，非常固执。

分析：在幼儿园里，几乎每个班都有一至两个甚至更多这样的孩子，看起来令人心痛又着急。孩子不合群，性格孤僻，不仅会明显地影响孩子的进取心，而且会危害其身体健康。孩子不合群，跟其先天气质有关，但也与家庭氛围、父母的教育、交往环境等有关。要想改变这种情况，家长和教师在日常生活中应该积极为幼儿创设交往的机会，同时教给孩子交往的技巧，这样孩子才会爱交往、会交往。

沟通要点

根据不合群儿童的特点，教师与家长沟通的重点是帮助家长正确认识到孩子不合群的原因，并帮助他们逐步培养孩子的交往技能，培养良好的社会适应能力。

1. 让家长认识到孤僻、不合群会影响孩子的心理健康，引起家长重视。

利用早晚接待的时间与家长交流，并及时反馈孩子在园的表现；积极为家长推荐关于名人教子经验的文章，转变家长的教育观念。

2. 与家长共探育儿经，改变不科学的育儿方式。

父母要挤出些时间亲近孩子，每天有一定的时间跟孩子交谈，引导孩子说出一天的幼儿园生活、认识的新伙伴及有趣的事情等。一是在家庭里营造良好的沟通氛围，帮助孩子分析和正确对待他与同学的矛盾；二是经常与孩子玩亲子游戏，建立宽松、自由、民主、和谐的新型家庭关系，让孩子在互敬互爱的家庭氛围中形成合群的性格。

3. 多让孩子出门玩，为其创造与人交往的机会。

有些家长认为，孩子在一起玩是毫无意义地消磨时间，所以孩子想出去找朋友玩时，家长会找出一些理由阻拦，有意无意地限制和减少孩子与同伴的交往。教师首先要与家长沟通，向家长讲明孩子们一起游戏的重要意义，让家长知道游戏是孩子重要的学习方式，孩子在游戏中可以学习合作、互助、分享等品质，学习站在他人角度理解别人，学习如何与他人共同生活，让家长尽可能为孩子创造与外界接触的机会。如多带孩子到公园、小区的绿地或亲戚朋友家去玩，鼓励他们与人交往。创造条件让孩子与小伙伴一起玩耍，可以让孩子主动邀请小伙伴上门来玩，并为孩子提供交往的环境、游戏和感兴趣的玩具等；同时允许孩子到别人家做客，多给孩子创造结交小伙伴的机会。

4. 引导家长成为孩子的榜样，并教给孩子一些交往技能。

家长可以为孩子树立榜样，如家长之间见面相互问好，告别时说“再见”，请求别人帮助时说“请”等。同时也要创造机会让孩子多接触同龄人，注意教给孩子主动交往的方法，如鼓励孩子把自己的图书、玩具拿出来与朋友分享，跟小朋友拉拉手，抱一抱表示友好，和小朋友协商游戏的玩法等，让他在实践中提高人际交往能力及社会适应能力。

复习与思考

1. 当幼儿在幼儿园中发生磕碰事故，你是如何处理的？怎么样与家长沟通获得他们的理解？

2. 有人认为，幼儿告状行为也是孩子成长的一种表现，你是否认同这种观点？为什么？

3. 如果你是幼儿教师或园长，你认为最需要与家长进行沟通的是有关幼儿哪方面的事情？

项目二 教育教学活动

学习目标

通过对本项目的学习，了解在幼儿园教育教学活动中，家园沟通时可能出现的问题；能够理解家园沟通过程中出现问题的原因；学会运用适当的策略与方法取得家长对幼儿园教育教学工作的配合。

知识储备

1927年，陈鹤琴先生说，“幼稚教育是一种很复杂的事情，不是家庭一方面可以单独胜任的，也不是幼稚园一方面能单独胜任的，必定要两方面共同合作方能得到充分的功效”。① 由于幼儿教育工作的特殊性，幼儿园教育教学过程中涉及的许多活动都在不同程度上需要家长的配合或参与。有了家长的配合与支持，幼儿教育活动开展得会更加顺畅。同时，让家长参与配合幼儿园的工作，有助于他们理解当代幼儿教师面临的困难和挑战。有了这种理解，家长会变得更加容易沟通。本项目主要论述在幼儿园教育教学活动中出现需要家长配合的问题时，教师如何与家长进行沟通，获得家长的理解与支持。具体从准备材料、教学延伸、来园配合三个方面结合案例分析在家园沟通中如何争取家长配合与支持的策略与方法。

① 陈鹤琴. 家庭教声［M］. 北京：中国致公出版社，2001.

思政目标

树立平等意识，增强服务意识，培养一丝不苟、精益求精的意识。

任务一 准备材料时的沟通

活动材料作为幼儿园教学、幼儿活动必不可少的载体，对幼儿自主学习和全面发展具有极其重要的价值。由于幼儿园教育的特殊性，教师设计教育活动常常需要一些废旧材料，但幼儿园条件有限，于是教师就会发动孩子和家长一起参与收集。通过在准备活动材料时的沟通，一方面，教师可以向家长介绍幼儿园近期正在和将要开展的教育活动的名称、目的、意义等；另一方面，可以向家长了解幼儿在家庭中的相关情况，征求家长对开展的教育活动的意见与建议，从而更好地设计教学活动，帮助幼儿学习成长。但是对活动材料的准备问题，家长有着不同的看法。

“我们非常配合老师的工作，老师说要什么材料，我们就会去找什么材料。”（服从）

“家里没有怎么办？孩子说：‘妈妈，买去。’有一次，老师让带细长的易拉罐，弄得我们全家喝了一箱露露才凑齐，我想问一下，没有也一定要带吗？”（无奈）

“老师让带材料，有时不直接跟我们说，孩子又记不住，所以难免会出现带错东西的时候。”（尴尬）

“老师要的材料多种多样，我们不知道能否找得到。可找不到，孩子就会又哭又闹。”（苦恼）

“利用生活中的现有材料开展教育活动，这种形式很好。但是老师总让我们帮着带，会不会给家长和孩子带来负担？”（抱怨）

由此看出，家长对于带材料的问题都有自己的看法和认识。因此，在要求家长配合准备材料的过程中，教师经常会遇到一些问题，如部分孩子并没有从家里带来活动材料；有些家长反映实在没时间帮忙准备材料等。类似的小插曲在幼儿园中时有发生，也日渐成为一些教师工作中的难题。教师在面对这些问题时，该如何与家长进行沟通，获得家长的配合呢？本节将针对与教学活动材料准备有关的家园沟通问题进行探讨。

案例 1： 开学不久的一个下午，家长都来接孩子了。老师请家长看一下家园联系栏里的通知："请爸爸妈妈为孩子们准备一张全家福的照片，一些废旧材料如空薯片筒、酸奶盒、易拉罐、卫生纸芯等带到幼儿园来，配合教育教学工作。"军军的爸爸刚看完就大声埋怨起来："上个幼儿园这么麻烦，又不是没交钱，什么都让孩子从家里带，今儿带这个，明儿带那个，天天都有事。"旁边的几位也跟着你一句我一句地发起牢骚。听到家长这样说，老师在一旁耐心解释："幼儿园的工作确实琐碎，需要您的大力支持。"能理解的家长接受了，但军军的爸爸始终不能理解，带着一脸的不情愿，唠唠叨叨地走了。

不久后，幼儿园举行了家长半日开放活动，教师把这个活动当作一个互动的机会。活动当天，家长们兴致勃勃地过来了，军军的爸爸也来了。军军拉着爸爸的手，到教室的墙面上看小朋友们的全家福，边看边给爸爸讲："这是佳佳去迪士尼的照片，那是爸爸妈妈为她过生日的照片。"军军的爸爸没有想到孩子这么热衷于欣赏这些照片。早饭后，家长们看到孩子们用自己带来的废旧物品制作的美工作品，更连连称奇。在欢快的音乐声中，孩子们拿着自己带来的易拉罐做操，还用易拉罐做道具玩了两个小游戏。军军的爸爸和其他家长直接感受到幼儿园给孩子们带来的快乐。很多家长表示，以后老师只要提出要求，他们都将全力支持。看到军军的爸爸没有再提出任何异议，老师也感到很欣慰。

案例 2： 因为幼儿园这学期的特色活动使用的主要材料是纸筒，所以教师通过短信方式通知家长把家中用剩的纸筒让幼儿带到幼儿园。但是第二天早上就听到有家长抱怨说："幼儿园的老师事情真多，总是发信息让我们带这带那的！"

分析： 在幼儿园中，时常会遇到这样的情况。在案例中，家长们之所以有怨言，主要原因是不了解幼儿园的活动内容和特点，不了解教师的意图，对幼儿园工作的理解有误区，因而对于教师布置的"任务"产生消极的情绪。由于社会竞争带来的压力，很多家长平时都很忙，顾不上照管孩子，对于幼儿园提出的各种要求都认为是多余的。在他们看来，自己已经花钱了，教育孩子的责任理所当然由教师承担。而教师虽然有不少的无奈与困惑，但只能尝试用不同的方法和途径争取家长的理解、支持和配合。于是，老师也感叹，现在的家长越来越难"对付"了。可见，家园双方都存在着某种误解和困惑，双方大都从自己的立场出发提出要求和想法，双方只看到需要上的一致性，没有看到需要上的差异性。倘若要解开误解，加强沟通和理解就成为双方的共同要求。譬如，在开展“超市”主题教育活动时，教师想要先了解幼儿是否具有去超市、逛超市的经验等，于是就事先向家长介绍本次活动的目的、意义和内容。同时询问家长以前是否带幼儿去过超市，带幼儿去超市时幼儿主要关注什么，幼儿在超市里都做了些什么等，并且听听家长关于开展“超市”主题教育活动的一些建议。然后在此基础上，建议家长近期带幼儿去超市，并向家长提出具体要求，如重点引导幼儿关注超市里有什么，超市里有哪些工作人员，超市中货物的摆放是怎样的等。当家长带幼儿去过超市之后，再向家长了解带幼儿去超市的具体情况，以及家长关于接下来开展哪些方面的活动、如何开展等方面的建议。[①] 通过这样的沟通，教师不但及时了解了幼儿在家的相关情况，以及家长对教育活动的具体建议，而且让家长及时了解了开展的教育活动。只有通过这样双向的沟通交流，教师才能够更好地组织、调整与开展教育活动。

沟通要点

教师在要求家长配合幼儿园教学工作的过程中，可能得不到家长的理解。教师可以通过半日开放活动或面谈等方式与家长进行交流。针对上述案例中的情况，教师该怎样与家长进行沟通呢？

1. 主动沟通，让家长理解带材料的意图。

在活动中，一些教师似乎觉得让家长准备材料理所应当，没什么可议论的，家长却认为幼儿园的教学问题为什么非得让他们也卷入其中。这其实是二者在观念上的错位。教师要“动之以情，晓之以理”，向家长讲明利用废旧材料开展活动的益处，自己不能收集到太多材料的难处。只有家长真正理解了带材料的意图，才会心悦诚服地配合教师的工作。

2. 向家长阐明家园共育对孩子成长的重要性，以及准备材料对幼儿发展的好处。

家长是幼儿的第一任老师，也是陪伴幼儿的终身老师，家长和幼儿园一样肩负着教育幼儿的重任。准备材料的时间是家长和幼儿之间很好的亲子活动时间。在这一准备过程中，幼儿是主体，家长进行辅助和帮助。通过一起准备材料，一方面，家长可

① 步社民．给幼教实习生的101条建议［M］．南京：南京师范大学出版社，2007．

以了解到幼儿各种能力的发展水平，从而有的放矢地进行指导；另一方面，幼儿可以从家长那里得到知识、得到指导，感觉到父母真了不起，懂得那么多知识，从而对父母更加尊敬、更加亲近。

3. 倾听家长意见，把准备材料的工作做在平时。

比如在班里设立可利用物品的分类箱，随时收集孩子带来的废旧材料；指导家长为孩子建立小型材料分类箱。需要特殊废旧材料时，提前一周通知家长，到周五时再提醒一下，避免临时行为给家长带来麻烦。同时，教师要让家长明白收集、积累废旧材料是孩子自己的事情，不能由于自己心软而剥夺孩子发展的机会，督促家长对孩子的无理要求学会说“不”，让孩子明白自己的事情要自己负责。

4. 以书面通知形式提醒家长。

有时教师在口头上与家长沟通或是让孩子转告，家长有可能会忘记，孩子也有可能说不明白。因此请家长配合带材料时，教师应尽量以书面形式告知家长，使家长明确要带的材料，避免出现因为孩子转告不清致使家长带错材料的尴尬。

任务二　教学延伸

众所周知，家庭和幼儿园是影响幼儿身心发展的两大重要因素，这两大因素对幼儿的影响必须同方向、同步调才能达到事半功倍的效果。因为幼儿在幼儿园能够学会某种技能、概念，但这无法保证其能够迁移到家庭和社区背景中。因此，在幼儿园教育活动中，为了让幼儿更好地将在幼儿园学到的东西（譬如社会技能、语言技能、学业技能等）向家庭转移，教师会时常布置一些具有趣味性、娱乐性或知识性的“家庭作业”，努力将幼儿学习延伸到家庭中。这对培养幼儿的良好品德与行为习惯、增长见识、开发智力等都是十分有益的。但在实际工作中，家长对教师的这一做法却看法不一：有的家长非常支持和理解教师的工作；有的家长对教师的工作不配合，对完成布置的“作业”总是拖拖拉拉等，给教师的工作带来了很大的困难。本节将针

教学延伸

对与教学延伸有关的家园沟通问题进行探讨。

案例1：在“乌龟”的主题活动后，孩子们对用故事进行表演的兴趣日趋浓厚，可是教师的个别指导又远远满足不了孩子对故事表演的需求。于是在周末，教师决定让孩子回到家中与父母一起阅读自己喜欢的故事并表演出来，下周一再回来与伙伴们一起分享。回到幼儿园，小朋友都纷纷开始介绍自己与爸爸妈妈一起阅读的书、展示表演照片等。晶晶跟大家说，她和爸爸一起阅读了《向两极进发》，她让爸爸扮成了企鹅，自己蹲在爸爸的腿下，扮成一个企鹅蛋，妈妈帮她把这些表演拍成了照片。晶晶一边讲一边拿照片给大家看，大家看到晶晶和爸爸表演得那么开心，都非常羡慕，很喜欢她的讲述和阅读的内容，也了解到了企鹅爸爸会孵蛋的知识。其他小伙伴也都积极地跟大家分享自己阅读的故事。

案例2：周二早晨，正是小朋友们入园的时候，鹏鹏的妈妈带着鹏鹏朝幼儿园大门走来。一到大门口，鹏鹏妈妈看到班主任老师就说：“你们幼儿园是怎么回事？老是给我们家长增加负担。我和他爸爸上班都很忙，又老出差，哪有时间给你们做这做那的。昨天孩子又缠着我们做了一晚上的喷气火箭。”一连串的话像连珠炮似的表达了她的不满。

分析：适当适量地布置亲子家庭作业，让家长与幼儿一起参与活动，是幼儿园教育的延伸与扩展，也是教师与家长最好的沟通渠道之一。通过活动，教师可以发挥家庭中的教育资源，使每个家长成为幼儿园教育的合作伙伴；家长也可以在活动中体验幼儿园的教育，体验教师的工作。家长参与的不仅是幼儿园的一项活动，更是与孩子亲密接触的活动，它不但增加了家庭亲子时间，增进了亲子关系，而且有助于家长自身素质的提升。案例1中，晶晶的爸爸妈妈对教师布置的教学延伸活动给予了充分的支持配合，让晶晶增强了自信心，也给幼儿园教师的工作带来了便利。案例2中，鹏鹏妈妈虽然完成了教师的“作业”，但对教师的工作颇有意见，这就需要教师与家长进行适时的交流沟通。

沟通要点

1. 听取家长反映的问题，帮助家长分析家园合作教育的重要性，使其认识到家庭是幼儿园的有机组成部分。

教师应认真地听取家长的意见，并且向家长说明教师工作的意图，对家长不明白的内容进行解释。以诚恳的态度让家长认识到，这样做是为了孩子，家长拿出一点时间陪孩子进行活动，是为了让他们有一个更好的亲子关系。让家长感受到，孩子上了幼儿园，家长仍然是孩子生活、游戏、学习的老师，要给予孩子支持和帮助。在沟通中，让家长感受到孩子的成长需要他们，幼儿园的教育也需要他们。

2. 主动与家长沟通了解孩子在家的情况，激发家长参与活动的欲望。

教师要经常通过口头交流、电话、短信、QQ、电子邮件等方式和家长取得联系，向家长全面了解孩子在家的成长与表现，并主动向家长介绍孩子的个性特征以及在园的表现，共同做好孩子的教育工作。

3. 通过家长专题讲座等方式，帮助家长提高自身育儿素质。

教师应向家长介绍一些幼教文章或刊物，帮助他们了解一些新的幼教理念，了解现在的社会需要什么样的人才，知道自己该怎样做才能和老师配合好，共同教育好孩子。或者通过邀请家长参加幼儿园的家长专题讲座、发放家长学习材料等方式给家长提供一些家教知识，提高家长自身的育儿素质。

任务三　来园配合

幼儿的家长来自各行各业，他们是幼儿园得天独厚的教育资源。让家长参与到教育活动中，和孩子一同走进幼儿园，一起感受幼儿园生活的点滴，不仅可以让家长了解到孩子在一个怎样的环境中学习、生活，和怎样的小伙伴玩耍、交流，孩子究竟需要些什么。因此，幼儿园要充分利用家长资源。譬如，结合幼儿及园所的实际情况，主动与家长沟通，邀请家长来园担任“家长老师”，这样既能够有效提高家长的教育水平，又可以促进幼儿园教育，特别是推进家园共育的进一步发展，提高家园共育的整体效应。那么，教师该如何与家长进行沟通，获得家长的支持，使其到幼儿园配合教育教学工作呢？在家长协助教师完成教育教学活动后，教师又该做些什么，以保持家长今后参与活动的积极性呢？本节将针对与家长来园配合教育工作有关的家园沟通问题进行探讨。

案例1：识字活动不仅是幼小衔接工作的重点之一，也是大班孩子最感兴趣的，他们经常捧着书追问我："老师，这个字怎么念?"在进行相关活动的同时，我总感到经验不足，缺乏有效支持。偶然的一次机会得知，明明奶奶退休之前是小学语文教研员，对识字教学很有研究。于是，我决定请明明奶奶走进幼儿园，和我们一起开展识字活动。当得知可以与我们合作参与教学后，明明奶奶非常高兴，但又有些疑虑，因为她不熟悉幼儿园教学，需要老师的帮助。经过我们协商，在形式上采用游戏的方式尽量让孩子动起来，以此引发孩子的兴趣；把时间控制在30分钟以内，难度要适宜。明明奶奶是山东人，我们还委婉地提示她说话时要放慢语速，便于孩子们听懂。

活动开始了，看到了明明奶奶来讲课，孩子们既好奇又兴奋。明明奶奶从笔画教起，"横"是老大，"竖"是老二……笔画都变成了一家人。孩子们都争相用身体来模仿它们，在游戏玩乐中学习。后来，我们又一起设计了很多亲子互动游戏。孩子通过"字宝宝找妈妈""猜字谜"和"身体变变变"等游戏体验了识字的快乐，家长也学到了科学有效的识字方法，减轻了他们对孩子入学识字的担忧，都纷纷向明明奶奶表示感谢。

案例2：欢欢爸爸是工程师，他常常买一些材料回家，希望女儿能喜欢摆弄这些东西，发展思维和增强手指的灵活性，可是欢欢偏偏不喜欢。有一天，幼儿园老师说他们正在组织有关房子的主题活动，想请欢欢爸爸到班里演示如何拼搭建筑模型，培养孩子的兴趣和观察力。欢欢爸爸欣然答应了。在主题活动中，欢欢爸爸三两下就搭出了一座漂亮的小房子，孩子们都争先恐后地上去跟着欢欢爸爸学。看到自己的爸爸那么受欢迎，欢欢满心的骄傲。回到家里，欢欢拿出爸爸买的材料堆起了房子，还搂着爸爸的脖子说："爸爸你真棒，班里的同学都夸你呢，他们都羡慕我有一个那么厉害的爸爸！爸爸，我也要跟你一样，长大了要当建筑师。"

分析：案例中，幼儿园结合主题的需要，有计划地邀请或聘请一些家长来幼儿园当"助教"，开展幼儿园教学活动。其实，让家长利用他们在职业、兴趣爱好、专业等方面的优势，参与到幼儿园的教育工作中，协助教师完成教育活动，不仅让参与家长的才华得到施展，扩充了教师的教学经验以及弥补了教师在专业上的一些缺陷，也让孩子得到了更为科学合理的教育，更有利于家长与孩子的互动，使亲子关系更加和谐。例如，案例中欢欢爸爸来班级参加主题活动，不但开阔了孩子们的眼界，也改变了女儿的看法。自从爸爸在幼儿园亮相后，平时对爸爸的建筑工作熟视无睹、司空见惯的女儿发现，爸爸和爸爸的工作原来是个“宝”。另外，家长来园配合教育工作也可以让家长了解幼儿园的教学和教师的工作，改变家长对幼儿园工作的看法，变家长被动配合为主动参与。譬如，新学期刚开始时，许多家长认为给幼儿讲课是件轻而易举的事情。当他们亲临现场，才发现这件事有多么棘手，因为他们讲的内容孩子们不能理解、接纳。一位家长在参与幼儿园主题活动之后，感触很深地说：“这种成功感是从来没有过的。教育孩子确实是一项艰巨而神圣的工作。”因此，家长来园配合教育工作，不仅让家长成为活动的参观者，而且成为真正的策划者、组织者、实施者，真正转变成幼儿园的合作伙伴和教师的良师益友。

沟通要点

幼儿园教育活动需要幼儿家长来园配合工作，教师该如何与家长进行沟通，取得家长的信任与支持呢？

1. 了解家长的特点，对家长担任“家长老师”的意愿做到心中有数。

影响家长来幼儿园配合工作，担任“家长老师”的因素有很多，比如是否愿意支持教师的工作、是否能够贡献自己的时间、是否可以提供相应的资源等。但是在这些因素当中，时间是家长首先考虑的因素。其实，很多家长都表示非常愿意担任“家长老师”，但是由于“工作太忙”“没有时间”而无法将这种意愿付诸实践。另外，部分家长内向的性格以及较低的自我认同感也阻碍他们主动参与幼儿园的活动。所以，教师要先通过简单的问卷调查，对家长的工作性质、性格特点等做一个初步的了解，以便做到心中有数。

2. 积极交流，向家长阐明来园配合工作对幼儿发展等的重要价值。

一些家长对来幼儿园配合工作的积极性不高，一方面是因为工作等无法顾及；另一方面是因为家长不了解自己来园配合工作对幼儿园工作、孩子发展的重要作用。教师在平时的沟通中，应逐步让家长了解到其参与幼儿园活动，不仅可以扩大幼儿的交往范围，使幼儿有更宽、更广的了解社会的视野，有利于他们社会性人格的充分发展，而且家长主动参与的精神可以加深幼儿对幼儿园集体生活的安全感和积极情感，增强幼儿的自信心和自豪感等。

3. 为家长提供多种多样的配合方式，指导并与家长共同设定活动目标、内容。

家长来园参与配合幼儿园的教育教学活动，不仅仅局限于教给幼儿知识，也可以教给幼儿一些技能。因此，首先教师要为愿意配合工作的家长提供发挥展示个人特长的机会。比如，向家长征集民间游戏，并由家长来指导孩子游戏的玩法，让家长当老师，给孩子讲解或表演。也可以通过“玩具制作”“成长成果展示”及“亲子游戏”等一系列亲子活动，让家长真正参与到活动中。同时，大多家长都没有幼儿园教育的专业经验，教师在活动前，要帮助家长分析活动的目的、活动的形式、内容的组织与可能会出现什么问题等，防止发生意外。教师在活动中针对不同类型的家长，应根据不同的情况进行适时的指导。

4. 通过评价提升家长的能力，激发家长今后参与活动的热情。

一方面，教师要及时总结家长与幼儿互动的成功经验，与家长一同分析与判断其参与是如何有助于孩子提升学习效果的、家长的教育观念与教育方法获得了哪些新的启发等，以实例为基础提高家长指导幼儿的科学方法；另一方面，当家长为班级做事的时候，教师要给予他们热情的回应，由衷地感谢他们，以激励家长再次参加活动，尤其对于幼儿的祖父辈，他们参与到幼儿园活动中，一方面可以了解教师是如何教育孩子的，直接学到一些教育策略；另一方面让他们感受到自己是被尊重的，教师在幼儿面前为他们提供了展示的机会，体现了他们的价值，从而使他们更加积极主动地给幼儿、班级提供更大的帮助。

复习与思考

1. 在你看来，家长参与幼儿园教育教学活动的价值何在？
2. 如果你是幼儿教师，你希望家长能够从哪些方面对班级的教学工作给予支持？

项目三 幼儿在家问题

学习目标

通过对本项目的学习，了解幼儿在家常见问题的表现形式及成因；能帮助家长运用适当的策略与方法解决幼儿的常见问题。

知识储备

本项目主要从幼儿情绪表现、生活习惯、学习发展三方面分析了家长在家庭教育中的常见问题，具体分析了这三方面的不良表现、危害或成因，并结合案例分析了在家园沟通中教师面对家长咨询这类问题时的解决策略与方法。

思政目标

培养严谨精神，提升科学性和打理性预见性，树立诚信意识，信守实事求是。

任务一 情绪表现

情绪是以人的需要为媒介的心理活动，又是人对客观事物的一种态度反映，这种反映是较短暂的。情绪的表现形式包括满足自身需要而引起的肯定态度及体验，如愉快、高兴、欢欣、满足、舒畅等；因违背自身意愿而引起的否定态度及体验，如愤怒、忧愁、哀怨、憎恨、烦恼和绝望等。新生儿就有各种情绪表现，如吃饱后就安静，饥饿或不适时就哭闹。3～6 岁的孩子随着年龄的增长，情绪逐步变得比较稳定。但随着活动空间的扩大和自我意识的增强，加上一些不切实际的需要得不到满足，易产生愤怒、恐惧和妒忌等不良情绪，引发分离焦虑等情绪问题。这些情绪问题在幼儿身上都时有表现，也引起了家长的关注，家长亦都希望能有效地解决幼儿的情绪问题。本节将讨论教师如何为幼儿在家中的情绪表现问题提供咨询建议。

情绪表现

一、分离焦虑

当孩子从熟悉的家庭环境进入陌生的幼儿园环境，都会产生一定程度的不安全感。而且陌生环境也激发了孩子的依恋情感，即幼儿与其主要抚养者之间的一种强烈持久的情感联结，这种依恋分为安全型、回避型和反抗型三种。当幼儿与其主要抚养者分离时，便会产生分离焦虑，即由于依恋对象的消失和陌生者、陌生环境所带来的紧张和不安。针对幼儿的分离焦虑，为家长提供咨询服务是家园沟通工作的一个重要方面。

案例 1：滔滔经过试园期，已经正式开始幼儿园生活了，可是这两周对滔滔父母来说真是一种折磨，每天滔滔在去幼儿园之前都会大哭，他总是在爸爸的严厉训斥和妈妈的柔声劝说下才终于肯去幼儿园。但每天父母来接他时，他都会哭泣。回到家后，也会时时声明不上幼儿园，并伴随着哭泣。滔滔妈妈很是头疼，求助于老师。

案例 2：自从到幼儿园报到后，婧婧都很乖，每天早上不哭也不闹，依依不舍地告别父母后，就乖乖地抱着自己心爱的布娃娃进了幼儿园。父母感到很欣慰，觉得婧婧对幼儿园的生活很适应。但几天后，婧婧每天早上上幼儿园都会出现呕吐现象，到医院检查也没发现什么问题，而且只要不去上幼儿园就什么事都没有。[①]

分析：分离焦虑是孩子入园面临的首个情绪问题。从以上两个案例可以看出，入园意味着孩子要离开父母，意味着他们无法再依恋看护人，因为年龄的缘故，他们对时间的感知能力和对事情逻辑关系的判断能力有限，并不能很好地理解父母所说的“下班就来接你”的具体含义，难免会焦急地等待，进而引起失望情绪，甚至可能产生“被抛弃”的感觉。再加上环境改变带来的不安全感，这种不安全感使他们产生抵触情

① 陈群．幼儿园危机管理实务［M］，北京：中国轻工业出版社，2009.

绪，因此有的孩子每天上幼儿园都会哭闹，有的孩子虽然不哭不闹、很乖顺，但也同样承受着这种压力，只不过他们的表现方式是承受，而不是发泄。

沟通要点

面对家长的这类咨询，教师可以从以下四个方面为家长提供帮助。

1. 积极引导幼儿融入幼儿园生活。

无论是爱哭闹的孩子，还是过于安静的孩子，都要引导他们参与集体活动，幼儿园一日活动的每个细节都要参与，不能放任不管。只有在不断的参与、尝试中，孩子才能适应幼儿园生活，进而融入幼儿园生活。

2. 多与家长沟通，告诉家长安抚幼儿的同时，也舒缓家长的紧张情绪。

教师通过与家长沟通，有助于消除幼儿对幼儿园与教师的陌生感，增进教师对幼儿及其家庭情况的了解，进而帮助家长做好孩子适应幼儿园生活的工作。

3. 创设温馨环境。

通过对总体环境的布置增进幼儿对幼儿园的亲近感，通过对班级墙面、区角的设计吸引幼儿的注意力，缓解幼儿的分离焦虑。

4. 开展亲子活动。

教师应有意识地设计一些亲子活动，对家长完全开放，让家长通过参与活动，切实了解孩子在园的情况。这样既给孩子提供了一个缓解压力的机会，又给家长提供了一个减轻担忧的机会。

二、心理压力

由于家庭及幼儿园环境的差异及幼儿自身的个性特点、不适宜的家庭教育等，幼儿也会产生心理压力。对于幼儿的心理压力，成人常常不够重视，认为小孩子有点不开心的事，只要哄一哄，转移一下注意力就行了。但实际上，当孩子存在心理压力，又没有得到很好疏导的情况下，往往会产生攻击性行为、自虐行为等心理问题，这会严重影响幼儿健康人格的形成，甚至会使一些人成年后走上犯罪道路。针对幼儿在家中表现出的心理压力，为家长提供支持与帮助是家园沟通中需要关注的内容。

案例：年仅4岁的柳柳，在幼儿园表现非常好，经常能拿到小红花，幼儿园的老师都夸她很乖、很听话。但不知怎么回事，柳柳一回到家简直就像变了个人似的，成了“小暴君”。家里人说什么都听不进去，有时还会扔东西，追着爸爸妈妈拳打脚踢，甚至还存在自虐倾向。柳柳的妈妈很着急，找到班里的老师问该怎么办。

分析：幼儿园严厉的管理制度会给幼儿带来压力，柳柳的行为是一种发泄，因为她在幼儿园为了获得表扬而强迫自己做了许多事，这给其心理上带来了一定的压力。回家后，这种受压抑的情绪需要得到发泄，而柳柳的发泄方式显然是不正确的。面对此类咨询，教师应先了解清楚幼儿在家中的具体表现，以及家庭教育的基本状况，然后给出具体的建议。

沟通要点

1. 引导家长对孩子进行心理疏导。

家长在平时生活中多与孩子交谈，了解孩子的想法，可疏解孩子的不良情绪，同时教会孩子运用绘画、运动、想象等方法，疏解不良情绪。

2. 帮助家长弱化孩子对外在奖励的关注。

对外在奖励的过分关注也会使孩子产生过大的心理压力，有的孩子为了获得教师的口头表扬，为了一朵小红花，会改变自己的初衷，刻意地讨好，这是极不利于孩子健康人格的发展的。

3. 鼓励家长给予孩子更大的自由空间，放松对个性的束缚。

家长要尽量为孩子创造有利于学习、生活的环境，并采用民主的教育方式，建立良好的师幼关系，不强迫孩子担任其不愿意担任的角色。

任务二 生活习惯

幼儿期是养成良好生活习惯的重要时期，好的生活习惯有助于孩子的生长发育。所以，在幼儿期养成良好的生活习惯是至关重要的。但现在的孩子由于受客观条件的影响，在良好生活习惯的养成上常常出现一些问题，具体表现在睡眠习惯、饮食习惯、自理能力等方面。针对家庭中幼儿的生活习惯问题，教师可以结合具体情况，家园合作，为家长提供建议和帮助。

一、睡眠习惯

“睡个好觉，胜过吃补药”。人的一生有三分之一的时间是在睡眠中度过的，睡眠不是简单的被动休息，健康的睡眠习惯对人的身体有积极的促进作用，对处于成长发育阶段的孩子更加重要。然而很多幼儿在家中缺乏良好的睡眠习惯，如晚睡晚起、睡眠时间过短、睡眠不规律等。为幼儿在家中的睡眠问题提供咨询服务，是保障幼儿在园生活顺利的重要前提，也是家园沟通工作的重要内容。

案例 1：小顺是个非常机灵的孩子，各方面的表现都非常好，知道什么时候应该用心聆听，什么时候应该大胆表述自己的想法，不是个墨守成规的孩子，因此在幼儿园得到了老师的欣赏。但在家里，小顺的问题可不少，会对家里人发脾气，而且不好好练钢琴，这让家长感到很烦恼。而最让家长烦恼的是小顺每天都睡得很晚，致使每天上午都不能按时起床。家长多次告诉他早睡早起的益处，也采取了很多办法去纠正他的睡眠习惯，但都收效甚微。

案例 2：恬恬每天都要等妈妈回家后才睡觉，早上还赖床。因为最近一段时间在幼儿园午睡时总是尿床，恬恬被奶奶当着全班小朋友和老师的面批评后，也就不睡午觉了。妈妈看着恬恬因为睡眠不足而出现的黑眼圈，觉得很揪心。所以妈妈总是安慰恬恬：“你放心睡吧，妈妈会叫你尿尿的。”但不管妈妈怎么安慰恬恬，她都不再睡午觉。恬恬尿床的现象确实消失了，但是恬恬不敢睡午觉的“心病”一直存在。

分析：以上两个案例反映出了幼儿睡眠习惯中两个常见的问题——晚睡晚起和不睡午觉，这两个问题均不利于幼儿的生长发育。由于 3 岁的幼儿生理发育、心理发展还不成熟，容易疲劳，因此每天要保证有 12 个小时以上的睡眠时间。如果一个孩子晚上 11 点才入睡，第二天为了上幼儿园早上 7 点就起床，即使中午睡 2～3 个小时，睡眠时间也只有 10～11 个小时，没有达到 3 岁孩子睡眠时间的基本保障。说到这，有的家长可能会说，那我就保障孩子的睡眠时间，让孩子晚睡晚起，大不了晚一点去幼儿园，反正去幼儿园也就是玩。孩子上幼儿园是其社会化的开始，也是其养成良好的作息习惯的重要时期，如果孩子在上幼儿园时没有形成良好的作息习惯，必定会影响他今后在小学、中学，甚至一生的学习习惯。因此，晚睡晚起不仅不利于保障幼儿的睡眠时间，也不利于幼儿良好作息习惯的形成。并且，幼儿需要平衡有规律的日常生活，这种需要不仅有利于幼儿形成各种关系的一致性和信任感，而且是身体健康发育的需要，同时也是幼儿全面和谐发展的条件。

有的家长可能会觉得午睡时间短，睡不睡都无所谓。实际上，午睡时间虽然短暂，但它对孩子的意义不容忽视。幼儿的大脑皮层易兴奋，也容易疲劳，在活动了半天后，大脑皮层产生疲劳，需要休息，这样才能有充沛的精力进行下午的活动。同时，幼儿的身体正在发育，睡眠时其脑垂体会分泌生长激素，帮助其长身体，还能补充有的幼儿夜间睡眠的不足部分，增强机体的防护功能。

沟通要点

针对幼儿在家中睡眠问题的咨询，教师可以从以下两个方面为家长提供帮助。

1. 帮助家长认识有规律的睡眠对幼儿发展的意义。

有规律的睡眠不仅是幼儿的身体发育的保障，也是幼儿获得安全感和良好的精神状态的重要条件。教师可以通过阅读推荐、专家讲座等方式帮助家长认识到睡眠对幼儿发展的意义。

2. 为家长提供在家培养幼儿良好睡眠习惯的建议。

第一，培养孩子按时睡觉的习惯。家长要坚定按时睡觉的态度，到时间就提醒孩子洗漱，准备睡觉，培养他们的时间观念。家长要让孩子在入睡前保持轻松平和的心态。孩子睡觉前，不要训斥孩子，不要吓唬孩子，也不要和孩子玩过于激烈的游戏。家长可以在孩子入睡前，给孩子讲两个故事，或者放一些孩子喜欢的音乐。第二，培养孩子独立睡觉的习惯。让孩子学会自己睡觉是孩子适应幼儿园生活很重要的一步。刚开始的时候，孩子可能不适应独立睡觉，可以让他抱一个自己喜欢的玩具，从而逐渐培养孩子独立睡觉的习惯。

二、饮食习惯

合理营养是保障幼儿正常生长发育和身心健康的物质基础。该年龄阶段的孩子生长发育迅速，新陈代谢旺盛，所需的各种营养素和热能相对地比成人要多。所以，培养幼儿良好的饮食习惯，使幼儿的营养摄入均衡是至关重要的。为家庭教育中幼儿良好饮食习惯的养成提供建议，是家园沟通工作的重要内容。

案例 1：婕婕长得白白净净，性格也惹人喜欢，但就是不爱吃蔬菜。妈妈给她夹点蔬菜，她会一点不剩地“物归原主”；如果妈妈强迫她吃蔬菜，她就拒绝吃饭，结果全家人一顿饭都会吃得很不愉快；给她讲吃蔬菜的道理，她说起来仿佛比谁都清楚。在幼儿园里，老师也反映婕婕偏食，鸡蛋和肉吃得好，西红柿也能吃一点，但是拒绝绿色蔬菜，因此老师请妈妈配合教育孩子多吃蔬菜对身体好。这种情况已经持续很长一段时间了，妈妈一点办法也没有了，后来妈妈只好跟老师说：“孩子不爱吃蔬菜就算了，她喜欢吃水果，不也一样补充维生素吗！总是强迫她吃蔬菜不见效，还影响吃饭情绪，别丢了这头儿，也丢了那头儿。孩子只要把饭吃好，不生病就行了。”

案例 2：爽爽不爱吃荤菜，每次吃饭前，她都要说“我不吃肉”“我不喜欢吃鸡”。由于长期不吃荤菜，蛋白质、脂肪摄入太少，爽爽出现了营养不良的症状，这让爽爽的父母很担心。

分析：

1. 孩子不喜欢吃蔬菜是一个普遍存在的问题，案例 1 中婕婕的妈妈为了解决这个问题可以说是煞费苦心。蔬菜的营养价值对孩子的身体发育和健康成长来说，具有无可替代的意义。蔬菜含有多种维生素、矿物质和食物纤维，在人体生理活动中起重要作用。而且，蔬菜营养摄入的多少还影响孩子的心理健康，如新加坡儿科专家就研究发现，不喜欢吃蔬菜的孩子容易出现牙齿不好和情绪不稳定的问题。而婕婕妈妈认为水果能够替代蔬菜的想法是错误的。蔬菜的种类繁多，有叶菜、根菜、茎菜、瓜类、豆类、茄果类等，水果品种再丰富，也只是植物的果实类，所以大多数水果的营养价值不如日常的蔬菜。过多摄入果糖也会给孩子带来消化上的负担，使孩子的口味更加单一地依赖甜味，降低了其对酸、咸、苦、辣等多种口味的适应性，影响其搭建未来食物结构的平衡。

2. 肉类、禽类食品含有丰富的蛋白质和脂肪，蛋白质是构成人体细胞、组织的基本物质，是生命活动的基础，人体长期缺乏蛋白质，会导致贫血、精神疲乏、易于感染疾病等，严重者会出现体格发育迟缓、营养不良性水肿、智力发育障碍等问题。长期摄入脂肪类食物不足，会导致营养不良、脂溶性维生素缺乏，甚至发育落后。案例 2 中的爽爽正是因为蛋白质和脂肪摄入过少，才出现了营养不良的症状。

沟通要点

教师帮助家长培养幼儿良好的饮食习惯应从以下两点入手。

1. 引导家长认识幼儿饮食的基本规律。

幼儿的消化系统与代谢能力及身体发育所需的营养成分是不同于成人的，教师可以通过家园联系栏、幼儿园网站等，为家长提供有关幼儿饮食营养方面的基本知识。

2. 为家长提供培养幼儿良好饮食习惯的具体建议。

例如，孩子进餐时，要求他们细嚼慢咽，要专心，不说笑，不看书、看电视，切忌放任幼儿端着饭碗到处走，边玩边吃，以免发生危险。每顿饭应有大致的时间限制，不要拖得太久，以免饭菜太冷，导致幼儿胃部不适、消化不良。除了正餐外，要控制幼儿吃零食，使幼儿养成吃好正餐的习惯。应鼓励幼儿食用不同食物，不挑食、不偏食、不厌食。要培养幼儿餐前洗手，餐后漱口的习惯，不吃不清洁、不新鲜的食物，不喝生水，不捡掉在桌上或地下的东西吃等，并且要培养幼儿良好的就餐习惯，如夹菜不可东挑西挑、不糟蹋饭菜等。①

三、自理能力

（一）穿衣

案例 1：哲轩上幼儿园了，但还不会自己穿脱衣服，于是哲轩妈妈每天早晨起床时，就让他自己穿，但哲轩总是光着身子躺在床上，就是不肯起床，幼儿园都不肯上了，妈妈没办法只好又帮他穿了。

妈妈把自己的困难告诉了老师，老师说："你们不要在上幼儿园之前让他练习穿衣服，因为这个时间段很紧张。家长要忙着上班，又要送孩子上幼儿园，孩子不听话时，家长会没辙的。你们在双休时，可以像玩游戏一样让孩子练这个本领。"

听从了老师的建议，哲轩妈妈主动在周六、周日及其他节假日，用玩游戏的方法，让哲轩练习自己穿脱背心、衣裤。过了一段时间，哲轩就学会了自己穿脱衣服。现在哲轩的自理生活能力非常强，在幼儿园时还常常帮助其他孩子。②

案例 2：最近几个早晨上幼儿园时，熹熹和妈妈之间总是因为穿衣服而针锋相对。熹熹过生日的时候，姑姑送她一件黄色毛衣，熹熹穿上走在外面，大家都夸这件毛衣好看。现在天气变冷了，妈妈要为熹熹换上一件红色厚毛衣，她就是不愿意，还要穿这件黄色薄毛衣。妈妈跟她讲道理、吓唬她，熹熹软硬不吃，依然不肯穿。妈妈只好

① 麦少美，高秀欣．学前卫生学［M］．上海：复旦大学出版社，2011.

② 吴邵萍．家园共同体的建构：幼儿园家长工作的方法与策略［M］．北京：教育科学出版社，2011.

顺从她，结果熹熹冻得感冒发烧了，这才无心牵挂黄毛衣。[①]

分析：

1. 自己穿衣是幼儿自理能力中很重要的一环，需要老师和家长共同配合，帮助孩子习得这项技能。大多数家长都是在不断摸索中学习怎样教养孩子，所以在实践中会碰上很多问题。相对而言，幼儿园教师教养幼儿的经验要丰富些，可对家长进行一定程度的指导，但这种指导必须具体化才能有显著效果。案例1中，哲轩妈妈发现了孩子的问题，并付诸行动，但收效甚微，求助教师后得到更有效果的实施方法。

2. 幼儿穿衣的审美情趣与成人差异很大，当成人在为孩子考虑服装的功用特征的时候，如保暖防晒、遮风挡雨、方便舒适等，孩子却只注意到衣服的某个小装饰物、某个漂亮花边或者鲜亮的颜色了。案例2中，妈妈和熹熹在穿衣问题上的对峙和较量，就是这个原因。

沟通要点

1. 教师要与家长多沟通，可针对细节问题，具体地进行探讨，并提出翔实可行的方案。

2. 引导家长帮助孩子学会穿衣和树立正确的审美观。

教师要引导家长重视孩子的审美体验，然后在给孩子买衣服时“投其所好”，并且要引导孩子注意服装的卫生与整洁，要懂得在不同的天气状况下选择不同的衣服。

（二）收拾整理

案例：薛女士很爱整洁，家里的东西摆放得井井有条。但是现在她有点招架不住了，因为儿子不再像一两岁的时候老老实实、安安静静的，叫他干什么就干什么。他现在活动量很大，在家里上爬下钻，找到什么就玩什么，玩完之后也不收拾。地上、床上、桌上，到处都是书和纸片，笔和笔帽经常分家，组装玩具卸了也不装好，回家换拖鞋以后随处把鞋一丢，结果东一只西一只的……

薛女士收拾的速度赶不上儿子破坏的速度，她总是提醒儿子：“快点收拾收拾，家里被你弄得乱七八糟了！”这样说多了不但不见效，儿子还嫌她啰唆：“你真是个唠叨妈妈，我不爱听，真烦！”

---

① 晏红．宝宝入园完全手册［M］．北京：中国妇女出版社，2009．

薛女士不知道自己该怎么办才能让孩子形成喜欢收拾整理的生活习惯。[①]

分析： 薛女士希望自己的孩子养成喜欢收拾整理的生活习惯，这个出发点是对的。因为收拾整理习惯的形成，有助于幼儿形成有条不紊的风格，提高学习效率，也可以增强孩子的责任感，优化孩子的整体印象，提高孩子的自信心。但由于薛女士并没有对孩子进行养成收拾整理习惯的具体指导，只是单纯地在言语上提要求，所以难以达到预期的效果。

沟通要点

1. 引导家长积极培养孩子收拾整理的意识。

收拾整理的行为源于孩子对秩序感的认识和体验，而孩子对这种秩序感有天生的喜好和快乐。早在孩子 2 岁时，他就有收拾整理的愿望，父母可以抓住时机强化和培养他收拾整理的意识。

2. 引导家长对孩子收拾整理进行指导。

由于幼儿控制肌肉运动的能力有一个从不协调到协调的发展过程，收拾玩具、叠衣铺被、吃饭、擦桌、洗袜子手绢等事情，孩子一开始可能做得不好，家长不要急，更不要指责孩子，而要一直在旁耐心指导，慢慢提高孩子手、眼、脑的协调能力。家长可以通过亲身示范、具体讲解实施步骤等方式对孩子进行指导。

任务三　学习发展

每个家长都期望自己的孩子能茁壮成长，对孩子的学习与发展都倾注了很多心血，希望孩子能够全面发展，但孩子有时的表现却不尽如人意，这让家长很忧心。本节针对家园沟通中家长在幼儿的学习与发展方面提出的问题与困惑展开讨论。

① 晏红. 宝宝入园完全手册［M］. 北京：中国妇女出版社，2009.

一、身体素质

“身体是革命的本钱”，每个家长都希望自己的孩子有一个健康的身体，因此除了衣食住行等方面处处留意外，加强运动锻炼就是必需的了。但如何让孩子热爱运动锻炼，则是一个问题。帮助家长在家庭教育中锻炼幼儿的身体素质，也是家园沟通工作的一个重要方面。

案例： 蒙蒙是一个长得虎头虎脑的小男孩，爸爸妈妈非常疼爱这个宝贝儿子，希望他能够更加具有男子汉气概。蒙蒙从小到大喜欢静不喜欢动，让他跟小伙伴一起踢球吧，他说：“脚疼。”远远地看着别人踢还行，就是不愿意加入。平时出门在外，蒙蒙喜欢让爸爸妈妈背着或者抱着，喜欢坐车，走一会儿他就嫌累。可是有两件事让爸爸很纳闷，他发现儿子并非没有运动能力，只是没有养成运动锻炼的习惯。有一天，蒙蒙看电视上的天气预报，好奇地问海南岛是什么地方，爸爸说那里是一个有海洋和沙滩的地方，特别好玩，蒙蒙便要求爸爸带他去。等到元旦，父子俩从北京飞到三亚，没想到蒙蒙在沙滩上跑了整整一天也不嫌累，体能相当充沛。还有一次是蒙蒙 4 岁时，一家三口去爬黄山，爸爸妈妈担心儿子不愿意走路，就要坐缆车，可蒙蒙不愿意。意想不到的事情发生了，这一家三口竟然上下黄山都是走的山路，中间只有很短的路程，爸爸妈妈觉得游客太多，怕不安全，主动要求背蒙蒙。可是，回家以后，蒙蒙一切照旧，让他走个平衡木都不愿意，更不用说和爸爸妈妈跑跑步了。这到底是怎么回事呢？怎样才能使这个“懒儿子”喜欢运动锻炼呢？[①]

分析： 运动锻炼能够促进孩子的身体发育，增强孩子的体质，促进孩子的智力提升和心理健康发展。所以，蒙蒙的爸爸妈妈希望蒙蒙加强运动锻炼是很正确的，但这时的蒙蒙在运动锻炼方面的发展已由自发性阶段进入了自主性阶段。自发性是孩子身体发育到一定程度对运动的自然需要，如一两岁的孩子处于运动发展的迅速增长时期，受这种生命成长内在动力的驱使，孩子总想多运动，这样才能满足机体生长的需要。而自主性不像自发性是自然到来的，自主性需要成人的培养和教育，蒙蒙就正处于这个阶段。因此，蒙蒙的爸爸妈妈想要蒙蒙养成热爱运动锻炼的习惯，必须找对方法，从生理和心理两方面对蒙蒙进行有效的指导。

---

① 晏红．宝宝入园完全手册［M］．北京：中国妇女出版社，2009.

沟通要点

1. 帮助家长制订合理的运动计划。

要想使孩子的运动锻炼收到良好的效果，教师需要引导家长制订合理的运动计划。对此应注意以下三点。

第一，遵循循序渐进的原则确定幼儿的运动量和运动技巧。开始时运动量要小，运动时间要短，之后根据孩子的身体情况，运动量可以逐渐增大，运动时间适当延长。选择的锻炼项目应该先易后难，先从简单的动作开始，随着幼儿年龄的增长，难度可以逐渐加大。

第二，在孩子进行体育锻炼时，要多选择些运动项目，如做操、跑步、跳绳、骑童车、玩小球、捉迷藏，以及各种游戏。全面的运动项目才有助于孩子身体的均衡发展。

第三，幼儿运动锻炼要经常化，以形成习惯，不要三天打鱼两天晒网。运动锻炼经常化的重要一点，是培养孩子的兴趣和毅力。

2. 帮助家长认识到提高运动的趣味性的重要性。

要使孩子对运动锻炼有兴趣，必须懂得儿童的心理特点，不搞成人式的运动，可以选择丰富多彩、花样新颖、适合儿童特点的项目，如模仿各种动物的动作、做各种有趣的游戏、传小球、踢球、做健美操等。

3. 向家长传递在生活中锻炼的理念。

幼儿的运动不仅指身体大肌肉运动，还包括手指等小肌肉运动。小肌肉精细动作最适合在生活中训练，所以家长可以抓住生活细节，为孩子提供锻炼的机会，如逛超市时让孩子推手推车，放学时让孩子自己拿书包，这都有助于锻炼孩子的平衡性和协调性；多让孩子自己走路、上下楼梯，这样有助于锻炼孩子的肺活量和耐受力。

4. 引导家长注意科学饮食和卫生。

幼儿正处于生长发育的时期，再加上体育锻炼消耗大，所以科学饮食很重要。幼儿的食谱应该多样化，做到荤素搭配、粗细粮搭配，使孩子吃好每一餐，以保证营养的供应。与此同时，还要注意运动卫生。如果孩子得了结核病、肾脏病、心脏病等，就应该停止锻炼。饭前、饭后一小时内不要做剧烈的运动。幼儿外出锻炼时，可以少穿些衣服，回屋后再及时添加衣服。如果孩子锻炼时出了汗，内衣已湿，体育锻炼后要及时换衣服，不要着凉，以防感冒。幼儿运动锻炼结束后，要做一些放松活动。

二、注意力

案例：王女士的儿子已经4岁半了，理解能力很好，但周围很多小朋友都能写数字、绘画，他却不行，因为他没有耐心写字和画画。以前上小班时，王女士就发现儿子注意力不集中。上了中班以后，老师讲的东西愈来愈多了，他注意力不集中的缺点更明显了，老师交代的事情总是记不住。跟小朋友玩的时候也不集中注意力，当别的孩子玩兴正浓的时候，他已经失去了兴趣。可是，他自己也并不知道下一步想要做什么，显得无所事事。

分析：王女士的烦恼说明家长意识到了注意力对孩子健康成长的重要意义。注意力是孩子学习和生活的基本能力，注意力的好与坏直接影响孩子的认知和社会性情感等身心各方面的发展及其入学后学业成绩的高低。所以，从小培养孩子的注意力，对他的未来发展有深远的意义。

沟通要点

1. 引导家长对孩子的发展特征有一个科学客观的认识。

不同年龄段的孩子，其注意力发展有各自的特点，如0～3岁的幼儿，主要发展的是无意注意。3岁以后的幼儿的无意注意一般已有高度发展，而且相当稳定，有意注意正处于逐步形成的阶段。再如，从注意力的稳定性来讲，3岁孩子的注意力集中时间基本上是3～5分钟，4岁能够发展到10分钟，6岁基本上能够达到15分钟。所以只有对孩子的发展特征有了正确的认识，才能有效地培养孩子的注意力。

2. 引导家长有目的地对孩子进行集中注意力的培养训练。

首先，充分利用孩子的好奇心。富于运动变化的物体最能吸引孩子的注意，家长可以给孩子买一些类似的玩具，用来训练孩子集中注意力，还可以把孩子带到新的环境中去玩。其次，注重培养幼儿的兴趣。幼儿的注意与兴趣有密切关系，直接兴趣是幼儿无意注意的源泉，幼儿的注意力受兴趣所左右。家长要采取诱导的方式去培养孩子的兴趣。再次，在游戏中训练孩子的专注力。游戏是孩子喜爱的活动，它能引发孩子的兴趣，使孩子心情愉快。家长应该有选择性地与孩子一同开展游戏活动，并在游戏活动中有意识地培养孩子的专注力。最后，让孩子明确活动目的，自觉集中注意力。

孩子对活动的目的、意义理解得越深刻，完成任务的愿望就越强烈，在活动过程中，注意力就越集中，注意力维持的时间也就越长。

三、责任心

案例：点点是一个非常聪明、性格开朗的宝宝，喜欢跟小朋友玩。但他有一个小毛病就是“常有理”，总是找借口为自己辩护，把责任推到其他事物或者别人身上。这不刚玩完玩具，妈妈让他收拾，他说：“一会儿我还玩呢。”过了一会儿，妈妈再让他收拾，他就说：“我累了，想休息休息。”可是如果小朋友来家里，他就责问人家为什么不收拾玩具。妈妈说：“你是小主人，你应该带头收拾啊!”他却说：“玩具是他玩的，应该他收，小朋友应该自己的事情自己做。”点点仿佛什么事情、什么道理都明白，但是就不愿意自己做。对于这个聪明却不好说服教育的儿子，妈妈拿他真是没有办法。

分析：点点自己能做的事情不自己做，做错了事情不承认，习惯在别人身上找原因的做法，是缺乏责任心的表现。这种现象在许多孩子身上也存在。

沟通要点

1. 自己的事情自己负责。

针对案例中点点的行为，家长可以给点点一个明确的要求和范围，并指明这是点点应当自己做的事。因为责任心只有通过实践体验才能培养，家长不能事事包办代替，更不能替孩子承担责任。

2. 注意对孩子积极责任行为的强化。

父母要善于观察，在日常的小事中发现孩子的闪光点，对孩子的积极责任行为给予及时的强化，这也是培养孩子责任心的重要途径。

3. 通过自然后果处罚提高孩子做出责任行为的自觉性。

对于孩子一些不负责任的行为，父母可以采用自然后果法对孩子进行惩罚，使孩子体会到责任的重要性。如点点玩完玩具不收拾，致使他心爱的玩具遗失了，想再玩时却找不到了。

4. 为孩子树立良好的行为榜样。

父母自身的责任心水平在幼儿责任心的形成和发展中起着非常重要的榜样作用。

有责任心的父母，孩子也会习得相应积极的行为方式。因此，父母应高度重视自身言行，以身作则。

5. 家长在培养孩子的责任心时，一定要注意“力所能及”，不能过度扩大孩子的能力。

即使孩子主动承担一定责任，但完不成也会打击孩子的积极性，从而影响孩子责任心的形成。另外，家长在处理孩子的过失时，要讲道理，同时也要注意把握“孩子是否尽力了”这个尺度，防止冤枉孩子，这也不利于对孩子责任心的培养。

复习与思考

1. 幼儿情绪问题主要表现在哪些方面？引起这些问题的原因是什么？
2. 为什么要培养幼儿良好的作息习惯？应该怎样培养？
3. 在幼儿的学习与发展中，家庭教育中常出现哪些问题？你如何评价这些问题？

项目四 幼儿在园表现

学习目标

通过对本项目的学习，了解幼儿在园的表现及常见问题；能帮助家长运用适当的策略与方法，配合教师解决幼儿的常见问题。

知识储备

本项目主要从日常生活、个性发展、社会交往、教学活动四个方面分析了幼儿在园的表现，具体分析了这四个方面的行为表现、常见问题及成因，并结合案例分析了在家园沟通中面对幼儿在园的常见问题时，家长应采取的策略与方法。

思政目标

弘扬社会主义道德，培养追求创新精神，信守诚信价值观，牢固树立法治意识。

任务一　日常生活

入园后，孩子开始体会集体生活，学习独立生活。生活方式上的巨大改变会引发家长的一些忧虑，家长会迫切希望了解孩子在幼儿园的生活情况，因此常会向教师询问孩子在园的表现，并希望得到帮助。

日常生活

一、自理

（一）如厕

案例：龙龙上幼儿园已经两个月了，在幼儿园吃得好、睡得好、玩得好，可就是不喜欢在幼儿园上厕所。每天下午妈妈接他回家的第一件事就是给他准备好便盆，让他大便。妈妈担心，龙龙是不是在幼儿园就想大便，但是一直憋到放学回家才大便，这样时间长了对宝宝身体发育影响不好。龙龙妈妈就把自己的顾虑告诉了幼儿园老师。老师说："有的宝宝就认自己的便盆，你把他的便盆拿到幼儿园来，我一天三次提醒他大便，看看他有没有变化。"龙龙的便盆被拿到幼儿园后，经过老师的提醒，他第二天下午就大便了。接着，老师又和龙龙妈妈进一步沟通，共同想办法让龙龙不再依赖家里的便盆，而能使用幼儿园的坐便器。[1]

分析：由于小班的孩子自理能力较差，再加上刚入园，对环境很陌生，父母又不在身边，孩子感到焦虑，心理压力过大，就会出现大小便拉在裤子里、把大便憋回家解决等问题。就龙龙的情况而言，除了上述原因外，可能还存在如厕习惯方面的原因。老师在和龙龙妈妈沟通后，提出把龙龙的便盆拿到幼儿园，并在幼儿园里每天三次提醒龙龙大便，这一方面考虑到了龙龙对家里的便盆的依赖，另一方面培养了龙龙定时如厕的习惯，并缓解了龙龙的心理压力。

沟通要点

1. 小班老师应尽快掌握每个孩子大小便的规律，密切观察孩子的表现，同时也要培养孩子定时如厕的习惯，并教会孩子如厕的程序。

对于情况比较特殊的孩子，如年龄过小、生病、自理能力很差的孩子，教师要特别关注，及时提醒孩子大小便。同时也要注意心理疏导，减轻孩子的心理压力。

2. 父母在家里要注意培养孩子独立大小便的习惯和能力，并教会孩子如厕的程序。

3. 父母要注意不要给孩子穿过于复杂的衣服入园，如背带裤、穿脱很复杂的衣服等。

孩子入园所穿的衣裤，尽量穿宽松的，腰部是松紧带的，穿脱方便。

① 晏红. 宝宝入园完全手册［M］. 北京：中国妇女出版社，2009.

（二）尿床

案例：小明有一次在幼儿园尿了裤子，回家后奶奶说了他几句，他就有了心理阴影。从此，小明每天午睡时都会尿床。奶奶知道后也很担心，不知该怎么办，就去咨询老师。老师对奶奶讲这是这个年龄段幼儿的年龄特点，让奶奶不要去说他了，也不要太刻意地去表扬他、鼓励他，尽量淡化这件事。同时，每天午睡前老师都督促小明去小便，如果他今天没有尿湿，老师就会轻轻地在他耳边说一句："你看！我们小明长大了！"后来，小明渐渐地不再尿床了。（摘自《幼儿园教师成长手册》）

分析：幼儿尿裤子、尿床等现象在幼儿园时有发生，原因有很多，如有的孩子玩忘了，等到便急再往厕所跑时，已经来不及了；有的孩子由于胆怯，大小便不敢告诉老师，而最主要的原因是这个年龄段的孩子括约肌和神经系统的发育还不完善，还不能像成人一样控制大小便。幼儿已经有了很强的自尊心，被当面训斥或者被别人议论，都会加重孩子的心理负担。案例中的小明因为尿湿裤子而受到奶奶的指责，产生了心理阴影，从此出现尿床的毛病。幸亏老师一方面与家长沟通，让家长了解了幼儿身心发展的特点，理解孩子出现的问题，并要求家长淡化对尿床问题的关注；另一方面训练孩子养成入睡前小便的习惯，从而有效地解决了孩子尿床的问题。

沟通要点

1. 保护孩子的自尊心，淡化对尿床行为的关注。

3 岁以后的孩子自我意识已得到一定程度的发展，已开始关注别人对自己的评价，所以教师和家长在孩子出现问题时，一定不要当面训斥孩子或与别人议论孩子，这会严重挫伤孩子的自尊心。尿床不是什么大事，对此也不要过度关注，淡化就好。

2. 保护孩子隐私，减轻其心理负担。

当孩子尿湿裤子或者尿床后，教师和家长在给孩子换衣裤时应该避开其他孩子，不让孩子觉得丢人。并且可以说一些安慰的话缓解孩子紧张的心理，如"尿湿了没有关系，老师会替你保密的""放心睡吧！妈妈会叫你起床的，即使尿床也不怕"等。

3. 做好必要的准备。

家长应为孩子准备一两套干净的换洗衣裤放在幼儿园，以防万一；家长要注意在孩子睡前不让孩子喝过多的水，也不让孩子玩过于激烈的游戏，以便让孩子能睡得安稳，同时教师和家长都要注意让孩子养成饭后一小时和睡前如厕的习惯。

二、进餐

良好的饮食习惯能促进幼儿身体健康发展，而幼儿在幼儿园美好的用餐体验也能促进幼儿的社会性发展。

（一）吃饭

案例：王女士的孩子上幼儿园了，她最担心的事就是孩子的吃饭问题。她担心孩子吃不好，因为王女士的孩子本来身体就不好，平时吃饭就比较费劲，需要大人喂饭。王女士想到幼儿园老师肯定照顾不过来这么多孩子，再加上孩子刚入园，情绪紧张，必然会食欲缺乏。同时，王女士还担心幼儿园的饭菜不合孩子口味。

分析：孩子刚上幼儿园，家长总会担心孩子吃不吃得好，睡不睡得好，玩不玩得好……家长有这种担心是很正常的。因为对刚入园的孩子来说，分离焦虑、对幼儿园进食方式和习惯的不熟悉、对老师要求的不适应等，都可能导致孩子不能很好地吃饭、睡觉、玩耍。不能很好地进餐必定会影响幼儿的健康和社会性发展。

沟通要点

1. 安排固定的用餐时间，包括早餐、午餐和点心时间。

2. 保持干净、整洁的用餐环境。

3. 通过园内公告和网站公布的方式，把幼儿园每日用餐的时间和食谱告诉家长，让家长对幼儿园的饮食安排有较清晰的了解。

4. 培养用餐好习惯。教师和家长要训练幼儿饭前洗手、自己吃饭、饭后收碗的好习惯。

5. 为了鼓励孩子自己吃饭，教师可以运用榜样的力量，表扬一些吃饭吃得好的孩子。幼儿的模仿性强，好榜样有助于激发幼儿模仿他人的动机。

（二）喝水

案例：陈女士的儿子上幼儿园小班，她最担心的事情就是他在幼儿园喝水的问题，也专门交代过老师几次，但还是不放心。因为孩子在一周岁断奶的时候，奶奶用糖水哄他，从此他就只喝糖水或者饮料，就是不肯喝白开水。陈女士想到幼儿园是不会给孩子喝糖水的，那孩子会不会因为缺水而生病呢？（摘自《让宝宝爱上幼儿园——妈妈问·专家答》）

分析：首先陈女士重视儿子喝水问题是很有必要的，因为人体中水的含量约占体重的65%～80%，人体通过水分把所需要的营养物质运送到身体的各个器官，又把人体内分泌系统排出的垃圾和毒素运到相应的器官排出体外。同时，水还具有维持细胞形态、提高代谢能力的作用。所以水比食物在维持人类生命方面更加重要。而陈女士在家里用糖水或饮料代替白开水给儿子喝的做法是错误的，因为含糖过多的饮料不仅不易被人体细胞吸收，而且会消耗体内的水分，使口更渴。并且由于饮料中含有色素和防腐剂，过度饮用饮料也会引发小儿食欲缺乏、消化不良、身材矮小、过胖或过瘦等问题。

沟通要点

1. 教师和家长要提醒孩子喝水。

在幼儿园，教师要定时安排幼儿喝水；在家里，家长要经常提醒孩子喝水。幼儿一般不会主动喝水，大多数是觉得很渴了才喝，这时人体已缺水了，所以家长和教师要注意提醒孩子喝水。

2. 喝水要适量。

孩子喝水并不是越多越好，喝过量的水会让孩子的身体无法负担。一般而言，1岁以下的孩子每天每千克体重需水量为110～155毫升，1～3岁的孩子为100～150毫升，4～6岁的孩子为90～110毫升。

3. 淡化孩子对甜味饮料的依赖，在家里当孩子口渴时，坚持让他喝白开水。

4. 带孩子外出时，家长应养成带水壶的习惯，随时提醒孩子喝水。

家长可以为孩子买一个孩子喜欢的水壶，这样能激发孩子喝水的意愿。

三、睡眠

午睡对促进幼儿身体正常发育和机能的协调发展，增强体质，培养良好的生活习惯、卫生习惯和激发参加体育活动的兴趣起着重要的作用。

案例1：悦悦入园第三周了，她虽然没有哭，但情绪非常低落，每天从幼儿园回到家总是精神不振的样子。妈妈向老师了解，才知道每到中午睡觉前，悦悦总是要哭，原来她不太愿意自己睡，总是感到不安全，因为平时都是妈妈陪着睡的。（摘自《幼儿园教师成长手册》）

案例2：赵女士的孩子上幼儿园已经两周了，老师反映孩子不肯午睡，每天中午都要折腾很久，让老师很伤脑筋。每次老师来“告状”，赵女士都感到很为难，不知该怎么办。因为孩子在家没有午睡的习惯，一般是愿睡就睡，什么时间都可以，不愿睡觉，家长也不勉强。（摘自《让宝宝爱上幼儿园——妈妈问·专家答》）

分析：现在很多刚入幼儿园的孩子大多都不喜欢在幼儿园午睡，幼儿在幼儿园入睡困难除了他们的情感问题和睡眠时间、睡眠环境变化带来的不适外，还有可能与父母培养的睡眠习惯有关，案例1、2均反映出这点。悦悦在进幼儿园前，每次入睡都是由妈妈陪伴，没有养成独立入睡的习惯，所以才会出现在幼儿园无法入睡的情况。因此，教师要想解决孩子的午睡问题，就要多与家长沟通，达成家园共识，合力教育。

沟通要点

1. 在幼儿园，教师要创设安静、舒适的环境，有助于孩子入睡。在孩子入睡前可以给孩子讲一些故事或放一些音乐。

2. 注意个体差异。对于一些情况特殊的孩子，如情绪不稳定等，在不影响其他孩子睡觉的前提下，允许他们安静地游戏或看书。

3. 为了缓解孩子的紧张情绪，可以允许初入园的孩子带一个他心爱的玩具，陪伴他入睡。

4. 在家里，家长在节假日要让孩子保持午睡的习惯，并使其养成独立入睡的习惯。

任务二　个性发展

幼儿期正是个体人格、价值观以及性格发展的重要时期。俗话说“三岁看大，七岁看老”，一个人的性格特征在其幼儿期已基本定型，虽然在以后的成长中受到外在因素的影响会有些改变，但总体变化不大。所以，培养孩子良好的性格，是十分重要的。在此，结合幼儿在个性发展中常表现出的问题，谈谈幼儿的个性发展。

一、孤僻、胆小

案例1：圆圆上幼儿园已经快两周了，但她在幼儿园里很少说话，也不会主动找小朋友玩，显得很孤僻。老师把圆圆的情况告诉了圆圆妈妈，妈妈觉得很奇怪，因为圆圆在家并不是这样的。在家里圆圆是个很乖巧、活泼的孩子，话也特别多。（摘自《让宝宝爱上幼儿园——妈妈问·专家答》）

案例2：赵女士的女儿是一个听话的孩子，但很胆小，有点内向，家里来了客人，从不主动打招呼，总是躲在大人身后，表现得很害羞。在幼儿园里，老师也说她很老实，很少开口说话或者主动找小朋友玩，上课也不举手发言，老师叫她的时候，她声音也很小。赵女士觉得很奇怪，因为女儿在家很好，能和妈妈说说话，和邻居家的小朋友也玩得不错。（摘自《让宝宝爱上幼儿园——妈妈问·专家答》）

分析：

1. 案例1中，圆圆本是个活泼的孩子，但入园后却显得很孤僻、内向，这种现象在刚入园的孩子身上是很常见的。这说明圆圆的社会性认知并不差，她已清晰地认识到幼儿园与家的不同，所以她掩饰本性，试图去了解幼儿园环境。因此圆圆的表现是一种适应性的试探。如果圆圆的这种表现没有随着时间的推移而发生变化，那可能就真的存在社会适应方面的问题了。

2. 案例2中，赵女士的女儿在家和幼儿园都表现得比较内向、胆小，这说明孩子的人格类型是属于被动型的，这种人格在成人社会里也可以生存得很好，所以赵女士不必为此太过担心，也不要觉得孩子的个性不好，强求孩子改变。当然，为了更好地促进孩子的社会性发展，家长和教师要多沟通，注意培养孩子的能力，增强孩子的自信心，促进孩子健康人格的发展。

沟通要点

1. 对于孤僻、胆小的孩子，幼儿园教师要多鼓励他们参与同伴活动，并教给他们与人交往的方式方法，当他们在人际交往中表现出进步时，一定要记得表扬。圆圆在家里表现得很外向，在幼儿园则表现得很内向，可能与她在家经常听到表扬有一定的关系。

2. 在家里，家长首先要营造民主、平等、自由的家庭氛围，让孩子觉得不受约束，轻松、自在；其次，家长要学会放手，让孩子自主地与人交往，自由地表达自己的想法，自力更生；最后，家长还要认识到孩子内向只是他的性格特征而已，并不是什么坏事，无需焦虑。

二、自卑

案例 1：老师鼓励小朋友进行拍球测试，有一个小女孩刚拍了两下，球就跑了，她马上气得噘嘴不拍了。其他小朋友帮她把球捡回来，她还是不拍，老师劝她也不行。老师说这孩子平常就是这样，总是跟自己过不去，稍微不顺心就气馁，不愿意把事情坚持到底。

案例 2：一个小男孩有一段时间总不想上幼儿园，妈妈问老师是怎么回事，老师也说不清楚，一开始问孩子也不说，后来说出真实原因是“画不出气球”。平时这孩子还有一个特点是，遇到问题先是眼泪汪汪，大人问了之后才说出自己的困难，做事总是显得不自信。(摘自《宝宝入园完全手册》)

分析：上面两个案例说明，日常生活中一些不经意的事情就可能挫伤孩子的自信心，让他们情绪低落，感到自卑。幼儿时期的自卑，是指幼儿由于某种原因怀疑自己、轻视自己，在社会交往或集体活动中懦弱、害羞和畏惧。研究显示，从幼儿时期就形成自卑心理的比例还是很大的。幼儿的自卑心理将一直伴随他长大，对其日后的工作、生活都会产生负面的影响。所以，家长和教师都要注意矫正孩子的自卑心理。

沟通要点

1. “好孩子是夸出来的”，教师和家长要多给予孩子正面积极的评价。

有的家长对孩子总是批评或者总拿别的孩子和自己的孩子比较，这都会让孩子觉得技不如人、低人一等，从而回避竞赛、竞争，不敢在他人面前表现自己，就如案例中的两个孩子。所以教师和家长要多鼓励和表扬孩子，让孩子主动做一些事，这样能慢慢增强孩子的自信心。

2. 家长不要一手包办孩子的事情。

有的家长看见孩子受挫，出于同情、怜悯，就帮孩子把事情做完。但这种做法不仅帮不了孩子，还使孩子养成了遇见困难就退缩，自卑、依赖、悲观的心态。所以家长应该做的是，在语言上鼓励孩子，在技术上支持孩子，让孩子自己努力，坚持到底，获得胜利。

3. 引导孩子建立积极的人际关系。

积极的人际关系能让幼儿更开朗，也更具包容性。良好的人际交往能纠正幼儿的偏执心理，也能慢慢引导其逐渐敞开自己封闭的内心，公正地评价自己和他人。

4. 驱逐幼儿的心理阴影。

自卑心理的形成，可能只是源于一次失败的或者一次不愉快的经历。父母应该及时关注孩子的内心世界，用积极的方式对孩子进行教育和疏导，不要让阴影长期存在。

三、争强好胜

案例 1： 电视台要为某一个幼儿园的孩子录制节目，为了取得较好的视听效果，不能让这个班的所有孩子都参加，于是只有一半的孩子参加了节目的录制。没想到，第二天就有个别家长来园告状，说："老师伤害了孩子的自尊心。"原来是没参加节目录制的孩子回家后就不吃饭，发脾气，哭诉："某某还没有我表现好呢，为什么她能上电视我不能上电视?""老师偏心，喜欢某某，不喜欢我。"家长知道后不仅没有正面引导孩子，而且把老师告到园长那里，弄得园长和老师都很被动。她们寻思着，没想到一件好事变成了一件麻烦事，下次再有类似的活动，还要不要组织孩子参加?（摘自《宝宝入园完全手册》）

案例 2： 李女士的女儿刚满 4 岁，非常任性，动不动就乱发脾气。一次，李女士带女儿去商场给奶奶买生日礼物，经过玩具店，她看中了一个漂亮的芭比娃娃，非要买。因为家里已经有好几个芭比娃娃了，李女士就劝她不要买了，于是她大哭不止。当时，商场里有很多人看着，弄得李女士好尴尬，只好赶紧买了带她回家。她的任性在幼儿园也表现出来很多次，老师反映：遇到她喜欢的玩具，她就一个人霸占着玩，老师劝都不行；和其他小朋友一起做游戏的时候，也一定要大家按照她的规则进行，否则就不让其他小朋友玩。她的任性让李女士和老师都很头疼。（摘自《让宝宝爱上幼儿园——妈妈问·专家答》）

案例 3： 张女士的女儿从小就很敏感，特别在意别人对自己的评价，有时仅仅是因为老师表扬了别人而没有表扬她，她就会很不开心。上课的时候，她很少举手发言，实际上她很期待老师关注她、表扬她。遇到不开心的事情她也不说，却希望别人都了解，如果别人没有立刻表现出对她的关心，她就会掉眼泪。（摘自《让宝宝爱上幼儿

园——妈妈问·专家答》)

分析： 案例1中的孩子好强，案例2中的孩子任性，案例3中的孩子敏感，虽然表现各有不同，但都是争强好胜的表现。孩子有好胜心不是坏事，但好胜过度就不好了，这样就会使孩子养成易怒、任性、敏感的性格。而家长重视培养孩子的竞争意识和能力也是对的，拥有较强的竞争力是现代人立身处世的基本素质，但如何培养也是要讲科学性的。

沟通要点

1. 结合幼儿年龄特点，培养孩子的竞争意识与能力。

成人社会的竞争是“排他性竞争”，具有“胜者为王，败者为寇”的特点。儿童社会的竞争是“排我性竞争”，孩子之间并不是非得争个你输我赢不可，而是提倡“友谊第一、比赛第二”。因此家长在培养孩子的竞争意识和能力时，应注重“排我性竞争”教育，让孩子学会自己和自己竞争。

2. 学会“冷处理”孩子的好胜心。

孩子的争强好胜与家长的过度关注和过分保护是密切相关的，所以家长当孩子表现出过度好胜时要学会“冷处理”。当孩子争强好胜、不讲道理、又哭又闹时，家长要对孩子的行为采取忽视的态度，既不指责也不安抚。当孩子情绪稳定后，家长再和孩子谈话，对他刚才的行为进行批评和教育。

3. 培养孩子的平常心。

家长要让孩子认识到每个人都有优势和劣势，自己并不高人一等，“胜败乃兵家常事”，培养孩子的平常心。

4. 让孩子接受挫折训练。

家长应创造机会，让孩子体验挫折和失败，如和孩子做游戏时，不要总让着孩子，也要让孩子尝一尝失败的感觉。

任务三　社会交往

交往是人的需要，也是社会对人的要求。《幼儿园教育指导纲要（试行）》也指出要培养幼儿乐意与人交往，并引导幼儿参加集体活动，体验与教师、同伴等共同生活的乐趣，帮助幼儿正确认识自己和他人，养成对他人、社会亲近、合作的态度，学习初步的人际交往技能。因此在幼儿园和家庭教育中，教师和家长要加强对幼儿交往能力的培养，使幼儿成为顺应时代发展的人。

一、幼儿间的交往

幼儿入园后接触最频繁的是同龄伙伴，幼儿间的相互作用，在某种意义上讲，更胜于幼儿与成人之间的交往，因此教师和家长要注意对幼儿良好同伴关系的培养。

案例1：语淑妈妈硕士毕业，在大学里当老师，平时就非常重视女儿的教育。但是由于妈妈教育得特别细致，语淑在情感方面比较脆弱，做事谨小慎微，也不愿意多交朋友。有一段时间她只愿意和自己熟悉的一个小男孩玩，每次选择伙伴都不选择其他孩子。

语淑妈妈了解此情况后很焦虑，非常担心女儿以后在交往方面有问题，每天回家就跟女儿说："你要跟其他小朋友玩。"但是女儿很不愿意，每当妈妈强迫她跟其他孩子玩时就大哭。

出于担心，语淑妈妈把语淑的情况和老师进行了沟通，希望老师帮助解决。于是，老师利用语淑在幼儿园很听老师话的特点，向她提出要求："这学期我们班每个小朋友都有一个任务，每个星期要和不是本组的一个小朋友成为好朋友。老师知道，你很能干，一定能完成这个任务，对吗?"语淑答应了老师的要求，她努力去和每一个孩子成为好朋友。一段时间后，语淑能很自然、主动地去找其他孩子玩，也爱和其他孩子玩了，回家以后还和妈妈说自己是怎么做的，妈妈很高兴，觉得女儿变了很多。（摘自《家园共同体的建构——幼儿园家长工作的方法与策略》）

案例2：萌萌在玩积木，婷婷说："让我玩一会儿吧。"萌萌噘着小嘴说："不!"婷婷自言自语地说："你不跟我玩，我自己玩。"于是婷婷自己玩起了过家家，自己乐得有说有笑。萌萌被她吸引走了过来，想跟她一起玩。婷婷不但没有拒绝和"报复"萌萌，还说了一句："跟我玩，好玩吧!"相当于用事实教育了萌萌。(摘自《宝宝入园完全手册》)

案例3：奇奇妈妈说，奇奇刚能听懂大人话的时候，父母就给他很多很好的正面教育，比如要跟小朋友团结，有什么事情要跟小朋友好好说，不要争吵打架。现在奇奇上幼儿园了，他正自得其乐地玩自己玩具的时候，别的小朋友从他手里一把抢走了玩具，他却一点反应也没有，拿走就拿走，再换一个玩；有时候，其他小朋友把他推倒在地，摔疼了他才哭，既不还手也不告诉老师。奇奇很多时候都是这样，受到"侵犯"却丝毫不反抗。妈妈担心，奇奇长大会不会比较窝囊呢？(摘自《宝宝入园完全手册》)

分析：

1. 案例1中，情感脆弱、做事谨小慎微的语淑受个性影响，缺乏与人交流的勇气，害怕接触新朋友，幸亏妈妈与老师沟通，在老师的帮助下语淑学会了与人交往，这是个可喜的结局。现实生活中，也有一些孩子出现和语淑相同的问题，但由于没有得到有效的指导，孩子的性格和行为变得越来越坏，甚至表现出孤独症倾向。

2. 幼儿的思维特点是以自我为中心，他们通常不能较好地觉察别人的需要，更没有足够的自我认同感。所以，案例2中的萌萌和案例3中受到"侵犯"的奇奇的行为在幼儿园中是很常见的。而案例2中的婷婷是一个心理调节能力和处理问题能力很强的孩子，当她遭遇拒绝时能放松心情，自得其乐，同时也能接纳萌萌的"迷途知返"。案例3中的奇奇在遭遇"侵犯"时所表现出的反应，并不能被称为软弱可欺，"侵犯"奇奇的小朋友也并不是恃强凌弱，这是由于幼儿期的孩子语言发展有限，交往经验欠缺，"侵犯"与"被侵犯"是孩子学会交往的必由之路。

沟通要点

1. 培养孩子与人交往的兴趣。

在幼儿园，教师可以通过提供多层面的游戏材料，激发孩子与人交往的兴趣，增加幼儿交往的机会。教师也可以鼓励在各区角玩的幼儿进行交流，积极鼓励和引导孩子和其他区角的孩子进行串联。不仅如此，教师还可以鼓励幼儿进行跨班游戏，扩大幼儿的交往范围，对幼儿来说这是一个新的刺激与挑战，更能促进幼儿积极面对陌生环境，培养幼儿在交往中的胆识和面对突发事件的应变能力。

2. 家园共育，增强孩子与人交往的能力。

教师可通过家长开放日、家长会等形式，向家长宣传培养幼儿交往能力的重要性，让家长认识到自己的行为对幼儿的社会性交往能力的影响，要求家长给幼儿树立友好交往的榜样。教师还可以通过不同的形式，有目的、有计划地向家长介绍有关培养幼儿社交能力的方法，也可以组织家长畅谈交流经验和体会，以提高家长的教育能力与培养技巧。

3. 家长应以平和的心态对待孩子间的交往。

孩子在交往中发生冲突是很正常的事情，家长要切记不要指责孩子，将成人交往的观念强加给孩子，增加孩子的心理负担。更不要激化矛盾，有的家长由于孩子的问题产生冲突，水火不容，结果常常是家长还在生气，孩子却又玩到一起了。所以家长不要把孩子之间的矛盾太当回事。

4. 家长要给幼儿创设良好的社会交往环境。

孩子的交往能力是在实践中学习和提高的，所以家长要给孩子创造交往的机会和条件。当孩子的同伴来家玩时，家长要表现得热情、温和，同时也允许孩子到别人家去玩，多给孩子创造结交小伙伴的机会。家长在闲暇时可以带孩子接触社会，如带孩子到公园玩、逛街购物、串门做客等。家长也可教孩子使用现代交往工具与身边的人进行交往，如当小朋友生病时，打电话问候一下；当自己不能去幼儿园时，可自己打电话请假；过节时，打电话送祝福等。

二、师幼间的交往

《幼儿园教育指导纲要（试行）》指出，教师的态度和言行举止应成为幼儿学习的榜样。可见，教师在幼儿心目中占有非常独特的重要地位，教师的一言一行直接影响孩子交往能力的培养和发展。因此，师、幼交往对幼儿交往能力的培养与发展起着重要的作用。

（一）不听从教师的指令

案例：幼儿园举行家长开放日活动，涵涵妈妈看了涵涵在幼儿园的表现，发现她不太会听老师讲话。老师讲话的时候她自己玩，一会儿问她老师说什么了，她茫然地瞪着大眼睛；下一个活动是老师讲故事，正好涵涵听过，老师讲的时候她不断地插话，老师说其他小朋友没有听过这个故事，请她陪同其他小朋友一起把故事听下去。可涵涵坚持不了多久，又站起来插话，干扰了其他小朋友听故事。涵涵妈妈发现，涵涵的这些问题在家里不明显，到幼儿园就变得明显了。（摘自《宝宝入园完全手册》）

分析：从涵涵的表现来看，涵涵在师幼交往中只知道“说话”，不知道“对话”；只知道“听”，不知道“倾听”。《幼儿园教育指导纲要（试行）》要求孩子：注意倾听对方讲话，能理解日常用语；养成幼儿注意倾听的习惯，发展语言理解能力。所以，幼儿良好的倾听习惯与能力需要家长和老师的培养和训练。

沟通要点

1. 激发幼儿倾听的兴趣。

教师可通过做游戏、讲故事等方式培养孩子倾听的兴趣，也可通过利用大自然的优势，引导孩子听大自然的声音，激发孩子倾听的兴趣。

2. 为孩子创设安静倾听的环境。

大人在与孩子交谈时，语速要慢些，以利于孩子辨别和理解，同时要将电视、音响等声音关小，以降低噪声的干扰，并且不要几个大人一起说话，尽量给孩子创设一个安静倾听的环境。

3. 要学会倾听孩子说话。

当孩子与大人交谈时，大人要耐心听孩子把话说完，并用自己的话把孩子的话重复一遍，如果自己的解释没得到孩子的认可，那可能是自己理解失误，就请孩子再重复一遍。

（二）不主动与教师接触

案例：可可和思思都是2岁，刚上幼儿园的时候，两个宝宝都想妈妈，妈妈把宝宝交给老师后，他们就都哭起来，但是两个宝宝享受着不同的“待遇”。老师走近可可的时候，可可拉着老师的手，依偎在老师的身旁，不停地重复一句话：“我要妈妈。”老师就不停地跟她交流，安慰她，大约10分钟，可可就安静下来了。但是思思一直独自待在角落里哭着，30分钟过去了，他仍然沉浸在分离焦虑中。老师为什么“不管”思思呢？因为任何人一走近他，他就会边用手推边大嚷：“走开！”思思拒绝别人的关心和照顾，老师对他也爱莫能助。当老师把这一情况告诉思思妈妈的时候，思思妈妈说：“这孩子就是这么倔，像他爸爸一样，没办法。”（摘自《宝宝入园完全手册》）

分析：可可和思思与人主动交往的差异，使两个孩子获得了不同的帮助和心理体验。两个孩子同样面临分离焦虑，可可通过与老师的主动交往，得到了老师很好的安慰，从而使心理压力得到疏导，焦虑情绪得到缓解；思思由于拒绝与老师主动交往，老师使不上劲，而家长“破罐子破摔”的错误思想使事情更难解决。

沟通要点

1. 建立良好的师幼关系。

首先，教师要增加与幼儿交往的机会。其次，教师可利用闲暇时间，与班上的每个幼儿畅谈，做幼儿交心的朋友。听幼儿讲自己最喜欢做什么、最喜欢哪本书、最喜欢哪部动画片……通过交流、心与心的沟通，孩子对教师的陌生感减少了，内心向教师逐渐敞开了，亲近感随之增加了。最后，教师要鼓励幼儿积极主动地进行思维探索，鼓励幼儿积极探索、大胆提问，帮助幼儿做自己所思、所行的真正主人，允许幼儿对教师的问题提出质疑和批评。

2. 在日常生活中，家长要多为孩子创造与人主动交往的机会，如鼓励孩子与安全的陌生人交往，同时家长也要注意纠正孩子错误的交往方式，如打人、推人、咬人等。

（三）对教师存有偏见

案例：佳佳很少在家里喝水，一天，老师向家长反映：“佳佳最近喝水有进步，是个好孩子！”奶奶就问佳佳：“你怎么喜欢喝水了？”佳佳回答：“老师‘治’我了。”奶奶接着问：“老师怎么‘治’你了？”佳佳说：“老师不让我玩玩具。”老师听了以后，心里非常委屈：天气干燥，每个宝宝都应该有一定的饮水量，佳佳怎么能把老师对她的关心爱护看作“治”呢？至于不让她玩玩具，更不知从何说起。这么小的孩子怎么会对老师有那么深的偏见，以至于感觉老师会“治”她？（摘自《宝宝入园完全手册》）

分析：老师感到委屈源于佳佳对她的偏见，孩子对老师的偏见会影响良好师幼关系的建立。孩子的偏见主要来自“成人之见”和“个人之见”。帮助孩子消除对老师的偏见，有利于提高他们感受生活的质量，维护身心健康发展。

沟通要点

1. 让宝宝远离成人偏见的污染。

要让宝宝远离成人偏见的污染，父母应做到：对教师有意见，可以找个时间和地点，单独与教师交谈，避免孩子在场；听说和发现宝宝在幼儿园可能遭受了不公平待遇，先不要急于在孩子面前发泄情绪、表达观点，而要把注意力放在妥善解决问题上；如果有一个家庭成员在孩子面前对教师有微词，要主动请他打住，以后再谈；不要急于让孩子看到或听到成人世界的“交易”，维护孩童世界的纯洁和宁静，先让他们聆听美好的声音。至于让孩子了解和适应现实社会，还不是这个年龄段的宝宝的教育内容。

2. 冲淡偏见中的个人成分。

幼儿的思维发展水平正处在从感知动作阶段向前运算阶段过渡的阶段，对事物虽已有一定认识，但还不能看到事物的本质。所以虽然孩子是心无城府、童言无忌的，但孩子看待事物所得出的结论常常是片面的和表面的，所以家长要注意孩子的这一思维特点，正确分析孩子的说法。

3. 过滤出宝宝的个人偏见。

如果能澄清宝宝的个人之见，就能清晰地了解他的心理活动，增强提供帮助的针对性；同时也能使家园关系更加清澈，增强家园沟通的透明度。父母可以采用“解释说法”与“追问事实”的方式，过滤出宝宝的个人之见。“解释说法”即用自己的话重复宝宝的意思，以便确认宝宝的心理活动是否得到了自己的理解。“追问事实”是理解了孩子的想法之后，接着确认他的想法是否正确，通过追问，调查清楚事件发生的六大要素——时间、地点、人物、起因、经过和结果。

任务四　教学活动

幼儿园活动是幼儿最初接触到正规教育的形式，培养孩子在教学活动中的良好学习态度与习惯，对将来基础教育阶段的学习有极大的影响。

一、主动学习

所谓让幼儿主动学习，是指教师依据《幼儿园教育指导纲要（试行）》的要求，在充分了解幼儿、了解宏观的教育目标以及活动可能出现的多种发展方向的前提下，尊重及呵护幼儿的学习兴趣，及时把握师生互动过程中稍纵即逝的教育契机，让幼儿自由地、主动地、愉快地去探索他们感兴趣的事物、现象或困惑的问题，去解决他们在真实生活中遇到的难题。教师在此过程中真正成为幼儿学习的支持者、合作者、引导者。

案例 1：妍妍在幼儿园，只要是老师要求的事情，她总是努力做到最好。而在家里，爸爸妈妈要求她做什么，她要么推三阻四，要么随便敷衍。家长觉得很奇怪，一了解才知道，在幼儿园，老师每天都会给某项行为表现突出的孩子奖励一朵小红花，正是在小红花的激励下，妍妍才会凡事做到最好。于是家长吸取经验，只要妍妍把一件事做好了，就给予一定的物质奖励。但时间久了，妍妍就养成了做任何事都要物质奖励的习惯，如果没有奖励就不做事。

案例 2：田田在幼儿园里名气挺大的，因为他的父母都是硕士，对他的期望特别高，给他报了好几个兴趣班，并且凡事都要求他争第一。田田不仅聪明，而且做事特别上心，上课时第一个抢着回答老师问题的一定是他；不管开展什么活动，只要老师提出目标“看谁做得快又好”，他总会努力完成并迅速向老师报告“老师，我第一”“老师，我做完了”，然后得意地等着老师的表扬和小朋友们投来羡慕的眼光。可是，他有一个毛病却怎么也改不了，而且越来越严重，那就是咬指甲。

可是，自从田田上大班后，班上的一个小女孩常常比田田反应还快，第一名不再是田田的专利。渐渐地，田田开始上课精神不集中，老师一提问，他就拼命啃指甲。最近一周里，他有两次将已被啃得变形了的手指尖咬破出血。这回，老师和家长再也不敢等闲视之。（摘自《幼儿园危机事务管理》）

分析：妍妍和田田在幼儿园里都表现突出，但他们的突出表现不是出于内在需要，而是出于外因的驱使，缺乏主动性，所以才会出现问题。妍妍为了得到物质奖励而学习，当物质奖励消失了，学习行为也就消失了；而田田由于从小受到父母竞争教育的熏陶，为了取得成功，即使承受严重的心理压力，依然处处“争第一”，直到最后无力承受。

沟通要点

1. 保护和培养孩子的学习兴趣。

孩子有天然的学习需要与能力，对于自己不了解的事物总是喜欢问“为什么”，教师和家长对孩子提出的一个个“为什么”要热心地解答和鼓励，千万不要嫌烦，并且还应该创设情境，鼓励孩子多思考、多实践。

2. 培养孩子积极主动的学习习惯。

多让孩子表达自己的见解，自己总结成功与失败的原因，培养自己的学习能力；鼓励孩子多交学习伙伴，和伙伴共同学习，共同完成一项任务，和伙伴分享成功的喜悦；鼓励孩子多参加实践活动，使孩子获得体验的经历，在交往中学会合作，在探究中获得知识和学习的能力。

3. 家长不要给孩子施加过重的学习压力。

过重的学习负担和过高的成就动机会给幼儿带来压力，所以家长在激励孩子时也要把握方法，不要拿别的孩子和自己的孩子比较，也不要拿成人的标准要求孩子。

4. 营造良好的学习氛围。

在家里，家长应营造家庭学习氛围，和孩子一起读书，共同讨论问题，做孩子的学习伙伴；在幼儿园，教师在自由活动时间要给孩子营造宽松的心理氛围，孩子们可以自由结伴、尽情地讨论，相互学习，形成良好的生生互动氛围。

二、合作

合作是指为了共同的目的，两人或多人、两个集体或多个集体共同完成某一工作或某一任务的行为。学会合作是幼儿进入社会，成为未来社会的主人应具备的基本技能，也是促进幼儿社会化的基本途径。

案例 1：一天早上幼儿入园后，张老师拿出班级里的积木玩具发给幼儿玩。孩子一下子兴奋起来了，这可是他们很喜欢的。孩子们有的坐着，有的站着，玩起了积木，插、接、摆……真是不亦乐乎。可是当张老师巡视了一圈之后，发现了问题：班里小朋友多，不可能每人一套积木，一个孩子只能领到几块，虽然可以插一插、摆一摆，但是要想做成哪怕是很简单的造型，积木还是不够的。尽管这样，却没有一个孩子去找小伙伴商量，将他们的积木放在一起，共同合作，来创造出喜欢的造型。于是张老师动员几个平时看起来开朗一些的孩子，去找其他孩子商量一下，把大家的积木放在一起，大家一起玩，可出乎意料的是没有几个孩子愿意这样做。于是，孩子们就这样，自己摆了拆，拆了再摆，各玩各的……

案例 2：“拧螺丝”游戏要求 6 个幼儿一组，在一定时间内将螺丝按形状、大小、颜色配对拧完。活动开始了，孩子们的动作很快，几个幼儿看到手上的螺丝找不到相应的螺帽时，便很快放弃了手上的螺丝，寻找另外的螺丝。眼看一堆螺丝快要拧完了，这时桌子上只剩一对黄色的螺丝、螺帽。彤彤飞快地拿起了螺丝，而睿睿紧接着拿起了剩下的那枚螺帽。当彤彤准备去拿螺帽时，却发现桌上没有了。她抬头看见睿睿手上捏着的螺帽，便想伸手去拿。可睿睿毫不示弱地将螺帽往背后一藏，说："这是我的。"彤彤急着说："是我先拿到的。"两人互不相让地僵持着。（摘自《给幼儿教师的建议》）

分析：在幼儿园里，案例中所呈现的现象时有发生。随着社会的发展，现在的孩子大部分是独生子女，养成了以自我为中心，想怎样就怎样的行为习惯。而且每个孩子都有种类繁多、数量可观的玩具，只要他们乐意，可以随心所欲地玩。总之，孩子与别人的交流越来越少，都生活在自己的小圈子里。在这种环境下，孩子合作技能的锻炼严重欠缺，合作能力的发展受到了很大的影响。

沟通要点

1. 激发孩子合作的意愿。

教师可以设计一些孩子喜爱的，但都必须合作才能完成的活动，以帮助孩子认识到合作的必要性。同时，教师还可以和孩子合作布置、美化教室，利用环境熏陶的力量，让孩子从中感受到合作的快乐。

2. 为孩子树立合作的榜样。

对孩子而言，最好的榜样就是他身边的人。因为孩子越小，"向师性"越强，越会在行为举止的方方面面崇拜、模仿教师，所以为了教育好孩子，教师首先要以身作则，做好教师之间、教师和保育员之间的分工合作；同伴也是孩子观察学习的榜样，教师对于有合作意识、行为的孩子要积极鼓励、表扬，从而激发其他幼儿学习的动力。

3. 交给孩子合作的方法。

首先，教会孩子使用礼貌用语，这样有助于孩子间的交流和沟通，如"请你和我们一起玩，好吗？""我们一起商量商量吧！""谢谢你的帮助！"等；其次，要引导幼儿学会合作的简单方式，使孩子学会分工和配合。

4. 让孩子体会到合作的快乐。

对于幼儿在园内或在家中进行的合作活动，教师和家长都要给予积极向上的表扬和鼓励，并且激励他们继续努力。

三、创造力

创造力即产生新思想、发现和创造新事物的能力。一个人成年后的创造力如何，重要因素之一是看其在幼儿期创造力是否得到开发和保护以及得到了怎样的开发和保护。

案例 1：在一次数学公开观摩课上，老师先出示了一张机器人的图片，让孩子数数图中分别有几个圆形、正方形和三角形，进而引导幼儿讨论最佳记录方法是哪一种。孩子们七嘴八舌，有的说画小雨点，有的说画大象，还有的说画竖线、波浪线、圆点……可老师却这样小结道："画竖线最简单，我们还是用竖线来记录吧。"课后，老师反省了自己的教学设计，意识到自己错过了一次发展幼儿创造力的绝好机会。（摘自《给幼儿教师的建议》）

案例 2：在一次大班的美术活动中，一个幼儿画了一个人，画面上的人物看上去高大、魁梧，很英俊。一会儿，老师再走到这个幼儿身边时，却发现整个人物已经面目全非，被一团又黑又乱的线条覆盖。老师以为孩子想废弃这幅画了，就问："你为什么不要了？""没有不要啊！"孩子说。"那为什么画成这样？"老师又问。"这是消防员从火里面救人出来！"孩子答道。（摘自《给幼儿教师的建议》）

分析：上述两个案例都让我们看到幼儿的想象力是多么丰富，是多么富有创造力。但老师有时会像案例 1 中的老师一样为了寻求某个标准答案而忽视了孩子的创造力，从而错失了发展孩子创造力的机会。

沟通要点

1. 培养孩子善于观察的能力。

敏锐的观察力是发现问题的关键，孩子具有强烈的好奇心以及接触物体、探究物体的本能与需要，这种本能与需要是创造力发展的基础。当孩子天真地发问或用想象来解释客观事物时，教师和家长要尽可能地回答孩子的问题，并充分利用周围事物，积极引导孩子观察。同时，还要注意在观察中适时教给儿童观察的方法，以培养儿童的观察力。

2. 培养孩子独立思考的能力。

教师和家长不用事事都告诉孩子对与错、好与坏、做与不做，应该鼓励孩子自己多做判断，学会独立思考。

3. 培养孩子的创新能力。

为了培养孩子的创新能力，教师和家长要在学习和生活中多关心、了解孩子，让他们能自由地表达自己的思想感情和意愿，对其微小的创造性表现给予鼓励，增强他们的自信心。

4. 培养孩子勇于动手的能力。

在家里，家长要鼓励和要求孩子多动手，做力所能及的家务，并通过玩积木、捏泥人、做纸工、拆装简单机械等孩子感兴趣的活动来培养孩子的动手能力。入园后，支持孩子参加感兴趣的活动。

复习与思考

1. 如何培养孩子的生活自理能力？
2. 有人说孩子间的打架也是孩子交往的一种方式，你是否认同这种观点？为什么？

项目五

理念与活动疑惑

学习目标

通过本项目学习，分析家长在幼儿教育理念与教育方法上存在的困惑，并帮助家长调整教育理念，掌握适当的策略与教育方法。

知识储备

本项目主要论述了家长在教育教学理念上的困惑及教育建议，从养育行为、活动安排和教育理念三方面进行了分析，具体分析了这三个维度中家长养育方面的疑惑，并结合案例分析了如何通过家园共建解决这些疑惑。

思政目标

树立诚信意识，遵循契约精神。

任务一　养育行为

家长和幼儿园教师对孩子采取的是两种截然不同的养育方式，家长对孩子的养育可谓无微不至，事事亲力亲为，而幼儿园教师则是教会孩子独立生活，自己的事自己做。这种差别常会引起家长的不满，觉得教师不负责，进而引起一些纠纷。

一、饮食习惯

案例1：小雨入园的第一天，小雨爸爸就对老师说："小雨吃完一碗饭后不会再要，如果你问他还要不要再吃，他会说不吃了。但是，必须再给他盛一碗，因为他的饭量很大，一碗根本吃不饱，吃包子之类的面食也要两到三个才够。"对于这个问题，老师对小雨爸爸分析道："孩子的食量不是一成不变的，是会随着身体状况、对食品的喜爱程度等因素的变化而变化的。如果不考虑客观因素，一味地让孩子多吃，反而会对孩子的健康不利。孩子的饮食更应该注重营养均衡，而不是量的多少。"小雨爸爸听了老师有理有据的分析，表示了赞同，并愿意和老师配合。

案例2：在幼儿园，幼儿的饮食是定时定量供应的，非常有规律。但到了周末，有的孩子家长由于睡懒觉、出外郊游等，打乱了孩子的饮食规律。老师和家长进行沟通，希望周末孩子在家里也能坚持在园时的饮食习惯，有的家长认为没有必要，只要孩子不饿着，什么时候吃，吃多少都无所谓，不需要这么刻板。

分析：

1. 案例1中，小雨爸爸认为孩子吃得越多才能长得越好，这是比较片面的看法。因为孩子的饮食更应该注重营养均衡，而不是量的多少。

2. 案例2中，有的家长觉得培养孩子的饮食规律没有必要是非常不正确的。由于孩子年龄的差异，以及消化器官功能的不同，在食物的种类、质量、喂养方法、每天进食的次数和间隔时间上也相应有差异，但饮食做到定时、定量则是基本的要求。对幼儿而言，因为食物在他们胃里消化的时间为3～4小时，所以一般两餐相隔时间以4小时左右为宜（也可以在两餐之间加点儿点心）。

沟通要点

1. 培养孩子良好的进食习惯。

进食之前，不要让幼儿做剧烈的活动，要使他们有平静而愉快的就餐情绪，且不宜多吃零食。进食时，注意力要集中，不要逗引幼儿大笑，也不要惹幼儿哭闹，更不宜让幼儿边吃边玩。当孩子不认真吃饭时，要循循诱导，不要训斥、恐吓、打骂。心情舒畅，能使幼儿对食物产生兴趣和好感，从而引起他旺盛的食欲，促进消化腺的分泌。同时，家长要教育幼儿进食不要过急，要细细咀嚼，这样利于食物的消化和吸收。

2. 培养孩子良好的卫生习惯。

父母还要教育孩子使用自己的茶杯、碗筷，进食前要洗手，饭后要漱口，吃饭时不能用手去抓碗碟里的菜吃；不吃掉在地上的东西和不洁净的食物。

3. 培养孩子独立进食的习惯。

为了培养幼儿独立生活的能力，待孩子到 1 岁后，就可以把小勺给他，让他锻炼自己吃饭；2 岁的时候，孩子的手腕部已有力量拿碗，这时可让他尽量自己端碗，养成自己吃饭的习惯。

4. 避免孩子偏食。

注意避免幼儿偏食，训练孩子吃各类食物，吸收多方面的营养。

二、日常护理

案例 1：希希奶奶很少来接孙子。有一次，她来园看到孙子正在自己洗手就立刻说："啊，是自己洗手啊?"奶奶生怕孙子把衣服打湿了，就赶紧过去帮着洗。教师看见后，就过去对希希奶奶说："奶奶照顾希希很周到、细致哦，连希希的小手都帮他洗了。奶奶看，我们所有小朋友都是自己洗手的哦，希希长大了，他很能干的，您让他在家也自己洗手吧!"奶奶脸上露出不好意思的笑容说："好好，我回家也让他自己洗手。"（摘自《家园共同体的建构——幼儿园家长工作的方法与策略》）

案例 2：博轩的生活能力很弱。因为博轩的爸爸不在意对孩子生活能力的培养，认为孩子穿鞋子、穿衣服根本不需要学习，长大后自然而然就会了。因此，当老师希望他在家里配合培养孩子的生活能力时，他一直置之不理。他只希望老师多培养孩子的自信心，多让孩子学点知识。（摘自《家园共同体的建构——幼儿园家长工作的方法与策略》）

分析：

1. 由于隔代抚养，祖辈很在意自己孩子带得好不好，所以对孩子的事是处处留意、处处小心，几乎一手包办了孩子所有的事情，从而也忽视了对孩子独立性的培养。所以当希希奶奶看见希希自己洗手时，就觉得不可思议，觉得老师不管孩子。事实上，在幼儿园，一个老师要管几十个孩子，肯定是不可能像家长一样细致入微的，解决问题最根本的办法就是培养孩子的自理能力。

2. 很多家长都像博轩的爸爸一样只重视孩子知识性的学习，忽视了对孩子生活能力的培养。其实幼儿的很多知识的习得和能力的培养，都是与生活密不可分的，直接经验对幼儿的学习是至关重要的。

沟通要点

1. 增强幼儿的生活自理意识。

家长无条件的包办代替，使幼儿认为自己不愿意干的事情，父母会帮着干。在平时的学习生活中，教师要通过正面教育、树立榜样等形式，让幼儿知道要“自己的事情自己做”。

2. 教给幼儿生活自理的技巧。

要让幼儿做到生活自理，必须让其明确生活自理的方法，如让孩子懂得根据天气的冷暖加减衣服，会自己穿衣、吃饭、睡觉等。要做到这点，需要教师和家长的共同努力。

3. 更正家长的观念。

首先，教师要让家长认识到孩子进入幼儿园后，就开始了集体生活，孩子必须适应集体生活，学会自理；其次，要让家长明白教师是教育者，不是保姆，不能要求教师像保姆一样对孩子的事，事事亲力亲为，教师要做的是培养孩子的自理能力。

三、运动

幼儿的运动量是指在体育课或体育游戏中幼儿所能承受的生理负荷量。幼儿的运动量不能过少，也不能过多，只有适量的运动才有利于幼儿的健康成长。同时，运动时也要选择适合幼儿的运动方式，并且要做好运动保护。

案例 1： 某段时期天津市天气变化大，各大医院里挤满了生病的孩子。与此形成鲜明对比的是，各幼儿园里的孩子却大量减少，不少园所竟有一半孩子缺勤。由天津市医药学专家协会、天津市儿童健康管理指导中心进行的天津市儿童健康状况调查表明，目前儿童季节性疾病的感染率达到70%，肥胖症出现率达35%，身高发育不足、体重过轻比率达到30%，有挑食、偏食、拒食等生活不良习惯的占85%，心肺功能大幅度退化、运动素质弱导致感觉统合失调的占50%。这些情况的出现，都与孩子们平时缺乏运动有关。

案例 2： 冉冉妈妈为了提升冉冉运动锻炼的兴趣，常常放着音乐带着冉冉学小动物跳舞。而冉冉也热衷于参加这种游戏。一天，妈妈又和冉冉玩“兔子跳”的游戏，冉冉的兴致很高，玩了一个小时还不停。妈妈想着多运动对孩子没坏处，就继续和孩子玩。冉冉跳着跳着，突然摔倒，起不来了，痛得直哭。妈妈赶紧把冉冉送到医院，医生一检查，发现冉冉韧带和膝关节半月板损伤。

分析：

1. 作为幼儿成长的需要，幼儿每天都需要一定量的运动，如果运动量过小，孩子的身体就得不到锻炼，孩子对病菌的抵抗力就会下降，就易生病，就会出现案例 1 所呈现出的许多问题。

2. 幼儿的运动量要适当，运动方式要合适，如果运动量过大、运动方式不合适，不仅达不到锻炼的目的，反而会损害幼儿的身体发育。就如案例 2 中的冉冉，在做“兔子跳”这种运动时，人体重心所承受的重量相当于自身体重的 3 倍，每跳一次膝盖骨所承受的冲击力相当于自身体重的三分之一，这对骨化过程尚未完成的孩子来讲，很容易造成韧带和膝关节半月板损伤。所以，这样的游戏偶尔为之有益身心，可是一旦超过了度，就可能会造成关节损伤。

沟通要点

1. 开设体育课，重视孩子的体育锻炼。

现在的孩子运动得太少，很多孩子在做游戏或上课时，如果时间长一点就累得不行。所以，幼儿园需要开设正规的体育课来保证孩子的运动量，从而解决孩子体质差的问题。

2. 家长要多带孩子参与户外活动。

很多家长出于对孩子安全或适应能力等方面的考虑，不太重视户外运动。这使孩子们在过度保护之下，体质一天天下降。为了使孩子有一个健康的身体，家长应该每天安排一定的户外游戏时间。

3. 合理组织幼儿体育运动。

人的生理机能活动变化规律证明，运动量要由小到大逐步上升，当运动量达到最大运动负荷时，又要逐渐减少运动量，使之降回到平静状态，只有这样幼儿的机体才不易受到损伤。所以在组织幼儿开展比较剧烈的体育活动时，应先让幼儿做一些准备性活动，然后逐步增加运动量，慢慢达到幼儿生理负荷的高峰，再逐渐减少运动量，使之接近平和状态。整个运动过程呈现出一个抛物线状的生理运动曲线。因此幼儿园的教师在组织幼儿开展体育活动时，应该随时掌握和了解幼儿的运动量变化情况，并及时调整幼儿的运动量。

任务二 活动安排

幼儿园每天的活动是怎样安排的？教师承担了怎样的教育任务？教师是否关注自己的孩子？……这些问题都会时时出现在家长的头脑里，家长都希望对幼儿园活动的安排有个清晰的了解，以便消除自己的困惑。

活动安排

一、对幼儿园安排的困惑

案例 1：林女士是个全职妈妈，自从孩子上了幼儿园后，就寝食不安，很想到幼儿园去看看孩子，了解一下他在幼儿园的活动情况，可又害怕影响到幼儿园的正常工作，老师不允许。

案例 2：东东已经入园一个月了，东东妈妈一直想看看东东在幼儿园到底是怎样活动的，想知道他在幼儿园里都学到了什么，老师是怎样带孩子们活动的，可一直没有机会。这天东东的老师通知，这周五幼儿园要组织半日开放活动，邀请家长参加，据说还有亲子活动。东东妈妈一方面欣喜于终于可以实地了解东东的活动情况了，另一方面又不知参与开放日活动自己应该准备什么。

案例 3：文文已经上中班了，她经常回来告诉家长，老师要求她准备这个或者那个带到幼儿园去。起初，家长并不在意，次数多了，就觉得已经交了托儿费，幼儿园怎么还让家长做物质投入啊，这不合理吧！

分析：

1. 当孩子刚入园，很多家长都会像林女士和东东妈妈一样，担心孩子在幼儿园的生活，希望能对幼儿园工作有更多的了解。而幼儿园对家长的这种心情非常理解，也非常关注这个问题，所以许多幼儿园都会提供向家长开放的机会，以满足家长想要到幼儿园看孩子活动的要求。如案例 2 中所说的半日开放活动，所以家长对于这个问题不要感到焦虑，只要在开放日那天积极参与就可以了。

2. 文文的家长觉得幼儿园既然收了托儿费，就应该将所有的教学材料准备好，而不该让孩子再带东西去幼儿园，否则就有乱收费的嫌疑。的确，幼儿园是有义务为孩子准备好教学材料的，但幼儿园每次让孩子带的材料都是沙包、小瓶子、废旧的包装盒、碎布头等可再利用的废旧的生活日用品。老师让孩子带这些东西并不是为了节约开支，而是想通过让孩子自带教学材料，培养孩子的分享意识、任务意识和责任感，同时这也是孩子参与教学活动的需要。

沟通要点

1. 幼儿园是专业的学前教育机构，在活动安排、课程设置、幼儿生活方面都有着严格的要求和制度，所以家长应该尊重和信任幼儿园的管理和教师的工作，不宜频繁地进入幼儿园、参与班级的正常活动，以免干扰和影响教师的教育教学活动，分散孩子的注意力。如果家长像案例 1 中的林女士一样有较多的空余时间，可以申请当“家长委员”或“家长义工”，就可以多参与幼儿园工作，多了解孩子在幼儿园的活动情况。

2. 如果家长参与幼儿园的开放日活动，首先，要尽量安排好自己的工作时间，准时参加，全情投入；其次，在参加活动时要尊重教师的安排，积极配合工作；再次，在活动中，既要关注自己的孩子，又要关注别的孩子，并鼓励自己的孩子多和别的孩子合作；最后，对于教师发放的家长调查问卷或者反馈表、记录表，要认真填写，及时反馈。

3. 由于大多数家长对幼儿园教学活动的开展都不是很了解，所以教师要通过家长会、家访、亲子活动等形式，加强与家长的沟通，减轻家长的焦虑，使他们对幼儿园的工作有更好的了解。

二、对幼儿教师工作的困惑

案例 1：毓毓刚上幼儿园，哭得很厉害，妈妈很担心。在毓毓入园的第四天，妈妈躲在角落里偷偷看毓毓做操。别的小朋友都站在自己班的队伍里，就她一个人站在两个班的中间，老师当时也没管她，毓毓妈妈心里可难受了，觉得老师不把毓毓当回事。所以在下午接孩子时，毓毓妈妈忍不住和老师说，希望老师多重视孩子，培养她的集体意识。大概十天后，毓毓就不哭了，也喜欢上了幼儿园。

案例 2：元元妈妈对女儿“不被重视”感到苦恼。她举了个例子：在班级墙壁的集体生活照上，有一张照片是女儿站在边上的，还有一张照片上女儿正好闭上了眼睛。元元妈妈认为老师对女儿缺乏关注，她心里很不舒服。（摘自《宝宝入园完全手册》）

分析：

1. 毓毓妈妈和元元妈妈都因为自己的孩子在幼儿园不被老师重视而感到苦恼，事实上这是孩子入园后家长出现的焦虑反应。现在的孩子基本上都是独生子女，在家里家长就会事无巨细，将其照顾得面面俱到。三个老师同时面对几十个学生，肯定就不会像家长一样对孩子的一颦一笑、一举一动都关注到。所以排队时，老师没有看见毓毓一个人站在两队中间，家长要理解，也要帮助孩子去适应这种变化。

2. “保教结合”是幼儿园教育活动中必须遵守的一个原则，因此幼儿园老师就会承担起“妈妈”的一些责任，但此“妈妈”非彼妈妈，这个“妈妈”要爱每一个孩子，平等对待每个孩子，所以，“妈妈”在拍照时，孩子们的位置必然有中心有边缘，分散不均；至于照相抓拍的时候正好哪个孩子闭上了眼睛，也实在是“妈妈”难以控制的。

沟通要点

1. 家长要认识到幼儿教师角色特点，理解幼儿教师工作，少一些抱怨，多一些沟通。

毓毓妈妈后来通过与教师的主动沟通就有效地解决了问题。

2. 家长要摆正孩子在幼儿园的位置。

孩子进入幼儿园就开始了集体生活，他将和其他孩子一起共同接受教师的关注，这种关注是平均分配的，孩子不可能再像在家里一样成为中心。所以家长要适应这个变化，要将自己的孩子与其他的孩子都放在平等的位置上看待，这样就会少一些不平等感受。

3. 教师也要主动加强和家长的沟通，多让家长了解幼儿的情况和幼儿园的工作。

任务三　教育理念

幼儿园的工作是怎样开展的？教师是怎么教孩子的？孩子是怎么学习的？孩子学到了什么？……孩子进入幼儿园后，就开始接触主流教育，家长也就开始关心孩子的学习情况。在这个多元化的社会，家长的观念难免会和教师的观念产生一些冲突。

一、识字与运算

案例1：春春邻居家的孩子从1岁多就开始学习识字，到4岁半时，已经能认识上千个字了，而且会背很多古诗。这让春春妈妈很羡慕，就如法炮制地教春春识字，但春春一点儿也不愿意学习，每次让他坐下读诗、认字，不到两分钟就坐不住跑没影了，这让春春妈妈感到很无助。（摘自《让宝宝爱上幼儿园——妈妈问·专家答》）

案例2：子源妈妈是编辑，对文字非常敏感。子源很小的时候，她就坚持每天和孩子一起读图画书，孩子在与她一起看书的时候会问这是什么字、那是什么字……后来孩子自然习得了很多文字。当孩子有一定识字量以后就喜欢自己看书，不要妈妈读给她听了，只有在自己有不认得的字或看不懂时才去找妈妈。子源妈妈并没有强迫孩子认字，也不是简单机械地强求孩子逐个字地认，而是用自己的专长潜移默化地影响孩子。（摘自《家园共同体的建构——幼儿园家长工作的方法与策略》）

案例3：某幼儿园在围绕小班孩子学习数学的专题活动中，针对家长只重视孩子的计数能力培养，忽略孩子的年龄特点，在小班就教孩子100以内加减法的问题，给家长播放了小班孩子排序活动的视频，让家长理解孩子在小班阶段的生理基础和年龄特征，并通过视频画面引导家长发现生活中存在大量的数学知识，让家长知道如何在生活中自然地渗透对孩子数学能力的培养。有家长看完后说："以前孩子不愿意学习算术，我只认为他没有耐心、不聪明，今天知道了，原来是还没有到时候啊！是我们的方法不对啊！在生活中也可以让孩子学习数学啊。"（摘自《家园共同体的建构——幼儿园家长工作的方法与策略》）

案例 4：喧喧对 10 以内的组成很不清楚，喧喧妈妈就在家让她每天做 50 道加减法题目，可她还是不会。喧喧妈妈向教师请教，教师就请她先不要让喧喧做加减法题，而是请她在家里先用玩具与孩子玩增减游戏，帮助孩子理解组成及组成规律。

玩了两天，喧喧妈妈看孩子没有起色就不做了，结果造成孩子上课的时候一遇到类似练习就逃避。

一天喧喧妈妈来接喧喧时，教师请妈妈在旁边看教师是如何指导孩子玩增减游戏的。在此情形下，喧喧妈妈当场答应："我们回家就去做。"

分析：很多家长出于望子成龙的心态，怕自己的孩子输在"起跑线"上，就会在孩子上小学前让孩子学一些知识，因为语文和数学是基础学科，所以识字和运算就成为幼儿学习的首选。幼儿是可以认识汉字和了解数学知识的，但教育方法必须符合幼儿的身心发展特点，适合幼儿。春春和喧喧的妈妈都使用机械练习的方法让孩子学习，丝毫不能引起孩子的学习兴趣，因而也达不到预期的效果。而子源的妈妈通过潜移默化地影响孩子，案例 3 中的老师通过开展活动，有效地让孩子学会了一定量的汉字和数学知识。

沟通要点

1. 幼儿识字和运算时，要重过程，轻结果。

让幼儿认识汉字和了解数学知识，有助于培养孩子学习的兴趣，可以为孩子进入小学打下一定的基础。但是识字和运算不是幼儿教育阶段的任务，所以不要强迫孩子学习，也不要强调孩子学了多少字、会做多少题。

2. 幼儿可以识字，但不可以写字。

有的家长为了巩固孩子识字的成果就让孩子写字，但幼儿写字是万万不可的，原因有三：第一，孩子手部的关节发展能力和小肌肉协调性不够好，还不能达到写字对精细动作发展的要求；第二，写字和汉语拼音不是幼儿园阶段的学习任务，不要强调孩子学习；第三，在教授写字方面，幼儿教师不如小学教师专业，有可能会误导孩子。

二、学习外语

案例：雷璇父母让孩子上了双语幼儿园，因为他们认为现在英语太重要了。可是，雷璇学了一段时间后，家长发现她挺烦上英语课的，老师布置作业让每天听磁带，她也不愿意听，这让家长感到很苦恼。

分析：雷璇的父母让孩子上双语幼儿园学英语，这种行为是可行的。学外语几乎是每位家长都关心的问题。20世纪国外就有学者对儿童学习母语和第二语言的生理机制做过研究，研究表明，很早就学第二语言的儿童，其母语和第二语言的学习中心几乎是在脑部的同一位置上；儿童如果能用学母语的机制去学第二语言，就会使第二语言的学习变得轻松。还有学者进行了功能性核磁共振脑造影的研究后发现，学习第一语言和第二语言的时间越相近，脑部处理这两种语言的区域就越靠近，甚至部分重叠，越早让儿童接触双语，儿童内在的语言学习机制就会越早接受两种不同的语言刺激，进而独立地发展起来。可见，母语的学习和第二语言的学习是相辅相成的，不是对立的。但"老师布置作业让每天听磁带"，这种教法明显是教小学生的，明显不适合幼儿学习，所以雷璇才不愿意学。

沟通要点

家长要让孩子学习外语必须注意以下三点。

1. 对幼儿园或外语培训机构的教学情况、师资队伍要有详细地了解，看他们是不是以游戏的形式教孩子学习，教师是否既有很强的外语听说读写能力，又懂得幼儿心理特点和幼儿外语教学方法。

2. 孩子只在教育机构每周学一到两次外语是不能达到学习效果的，家长应在日常生活中多和孩子练习，和孩子用英语对话或者让孩子看外语电影、听外语歌等。但不要强迫孩子学，要通过做游戏的方式引导孩子学，也不要过分追求学习结果。

3. 幼儿学外语，应以听说的口语学习为主，不强调认读，更不强调书写。

三、培养特长

案例1：东东上中班后，他们班几乎每个孩子都报了一两个兴趣班，甚至有的孩子报了五六个兴趣班。东东的父母也很想给孩子在业余时间报个兴趣班，可就是不知道该报什么班。学画画？孩子很喜欢，就是用处不大，又当不了画家；学钢琴？挺好，也时髦，就是钢琴不便宜，如果买回来几天孩子就不想学了怎么办？学武术？很好，可以强身健体，可是如果他学会了老出去打架惹事怎么办？东东的父母很苦恼。

案例2：乐乐上幼儿园小班，幼儿园有轮滑和画画兴趣班，于是乐乐的妈妈给他报了这两个班。轮滑是乐乐喜欢的，是自己要求上的，因为他喜欢活动；而画画是妈妈要乐乐上的，因为他是个男孩，爱动不爱静，有效注意的时间比较短，上课总是心不在焉、东张西望的。妈妈希望通过学习画画，能提高乐乐专心学习的能力。但是，虽然乐乐已经上了两个月的画画兴趣班，却没有画出一张像样的画。上课的时候他总是坐不住，老师讲的话也听不进去，画画的时候他拿起笔在纸上随便画几下，不能坚持把作业做完。可是到上轮滑班的时候，他学得可欢了。乐乐对画画没有兴趣，怎么办呢？

分析：每个家长都希望自己的孩子有一技之长，但现在的兴趣班太多了，很多家长都会像东东父母一样不知该给孩子报哪一个。而给孩子报了兴趣班的父母，也会面临案例 2 中的问题——报的兴趣班是否适合孩子？

沟通要点

1. 从孩子的需要出发选择适合的兴趣班。

为孩子选择兴趣班时，必须选孩子感兴趣的，否则就会出现案例 2 中的结果。

2. 重兴趣培养，轻特长考核。

有的家长培养孩子的特长带有很浓厚的功利色彩，这就使“兴趣”变成了“负担”。在幼儿阶段，要注重培养幼儿广泛的兴趣，不要强求孩子学到什么程度。

四、入学准备

案例：欢欢上的是小区幼儿园，老师对孩子很好，孩子也挺喜欢上幼儿园，但欢欢妈妈发现幼儿园老师从来不布置作业。欢欢再过一年就要上小学了，不知道写作业，没有形成写作业的良好习惯，这让欢欢妈妈很揪心，觉得应该找老师谈谈，让老师每天给孩子布置点作业。要不，孩子上小学后不适应了怎么办？（摘自《让宝宝爱上幼儿园——妈妈问·专家答》）

分析：孩子进入大班后，家长就会担心孩子能否适应小学的学习生活，因为最初的学习习惯会影响到孩子整个受教育时期的学习状况。所以有的家长就会让孩子像小学生一样学习，要求老师布置作业。但幼儿园大班的孩子毕竟还是幼儿，还不能适应小学的学习方式，而且幼儿教育也不能小学化。

沟通要点

1. 做好幼小衔接工作是幼儿园的一项重要任务，幼儿园要做的不是像小学一样教孩子，而是用幼儿教育方式培养孩子的学习习惯。

教师可以给孩子布置作业，但作业不能是重复的、机械练习的作业，如写字、背书、写数学练习题、抄写数字等，这样的作业很容易增加孩子的负担，让孩子厌烦学习。教师可以鼓励孩子回家后做一些创造性的“作业”，如给父母讲个故事；和父母一起郊游，观察周围环境的变化；和父母一起搜集主题资料，设计一个新型飞行器……这样的“作业”，孩子肯定会喜欢，不仅不会成为他们的学习负担，还可以培养孩子多方面的能力。

2. 开展丰富多彩的游戏，让孩子感受到乐趣，在富有乐趣的游戏中培养孩子稳定的求知欲。

3. 教师和家长应该坚持多表扬、鼓励，少批评、指责。

4. 要培养孩子良好的学习习惯，家长必须树立良好的榜样。如果家长是喜欢学习、有求知欲、兴趣广泛的人，孩子通过模仿，也能形成良好的学习习惯。

复习与思考

1. 在教育过程中，教师对待幼儿是应该“一碗水端平”，还是应该“具体问题具体分析”？请说明理由。

2. 当家长和教师在教育理念上产生冲突时，您作为一名教师应如何处理？

项目六

养育观念

学习目标

通过对本项目的学习，了解家庭教育中养育观念的相关理论及方法；能够捕捉使家长树立正确的养育观念的家园沟通契机；能适当运用合理的沟通策略和资源，使家长树立正确的养育观念。

知识储备

本项目主要论述使家长树立正确的养育观念的家园沟通工作，从营养发育、安全保护、生活习惯三个方面进行分析，具体分析了这三个维度中家长养育观念的表现及误区，并结合案例分析了教师在家园沟通中如何促使家长树立正确的养育观念的策略与方法。

思政目标

增强合作精神，合作、友善、团结。

任务一　营养发育

饮食营养是幼儿成长的重要保障，而身体发育在幼儿阶段变化最为迅速，也备受关注。每个家长在有关孩子营养发育的观念上，经历了一个转变过程，从初为父母的前几年，主要围绕符合婴幼儿生理特点来开展的营养发育教育，到幼儿阶段，与心理、社会性、生活环境等因素密切关联的营养发育教育。与幼儿饮食营养和身体发育有关的教育并不是简单的吃喝拉撒和长个子的问题，而是具有很强的复杂性。在家园沟通中，教师可以结合幼儿及园所的实际情况，为家长提供有关营养发育方面的观念支持。本节主要讨论与喝水、进餐、吃零食、性教育和生长发育有关的家园沟通问题。

营养发育

一、喝水

喝水问题是再平常不过的日常生活问题，但水的摄入也是关系幼儿身体健康的一个重要方面。对家长而言，在幼儿喝水方面遇到的最多的问题是幼儿不爱喝水，尤其不爱喝白开水。另外，还涉及要及时补充水分，想喝就喝；除夏天外，要喝温水以保护幼儿脾胃不受寒；等等。向家长传递正确的饮水行为和观念是幼儿园家园沟通工作的一项重要内容。

案例：一天下午，东东妈妈在非接送时间来到幼儿园，当老师问及原因时，她说："我儿子说下午要喝水，我带一瓶饮料给他喝。"老师说："班上都有白开水，除固定的集体饮水时间外，每隔半小时，我们都会提醒孩子喝水的，您放心吧。"东东妈妈说："我儿子说想喝饮料。"老师耐心地解释："上次我们专门请儿保所的专家来给大家讲课，专家说白开水对孩子的身体最好，不能让孩子经常喝饮料，否则不利于孩子的健康，而且所有的孩子在园都喝白开水，您这样做对其他孩子也有不好的影响……"在这样解释之后，东东妈妈才把饮料带回家。（摘自《家园共同体的建构——幼儿家长工

作的方法与策略》)

分析：现代生活中对幼儿饮水造成最大威胁的是饮料，越来越多的儿童饮料对幼儿产生诱惑，很多孩子甚至以饮料为水分摄入的主要来源。但是市售的儿童饮料中，含有各类添加剂、防腐剂等人工合成材料，对幼儿的健康生潜在的威胁。很多家长在日常教育中并没有认识到过度饮用饮料对孩子造成的威胁，反而把为孩子购买饮料看作对孩子爱的表现或家庭经济能力的一种显示。上述案例中，东东妈妈为孩子送饮料，看似是家长对孩子爱的表现，实际上，这种行为不但对东东和其他幼儿在园行为有负面影响，也折射出东东妈妈在家庭教育中有关孩子饮水问题的观念存在问题，传递了有必要进行家园沟通的重要信号。

沟通要点

有关喝水问题的家长教育，教师可以考虑以下三个方面的策略。

1. 即时教育。

对于家长在幼儿喝水问题上观念的改善，教师要抓住时机，发现问题及时进行沟通，提供信息，改善家长观念，还可以借助某个孩子的喝水问题及时与其家长进行个别交流。

2. 把握问题出现的范围，判断是否需要面向更多家长进行教育。

如果较多幼儿存在喝水问题，教师可以通过家园联系栏、班级论坛、家长会等形式来与家长沟通。

3. 关注家长教育的系统性。

有关喝水问题涉及饮水的种类、时间、温度、水杯卫生等，教师要通过各种资源和途径为家长提供系统的教育信息。

二、进餐

几乎每一位家长都对孩子的吃饭问题有过困惑。进餐问题主要表现在进餐种类和进餐行为两个方面。随着家庭物质条件的提高，家中可以为孩子提供的食物种类越来越丰富，但是很多幼儿存在饮食不均衡的问题，有些幼儿不吃蔬菜或不吃某些蔬菜，有些幼儿不吃主食，只吃肉，挑食现象较为普遍。另外，由于教养方式等存在问题，很多幼儿在入园后仍然不能正确使用餐具，没有良好的进餐习惯。通过家园沟通，为家长在幼儿的进餐问题上提供系统的知识和理念，改善家长的育儿观是幼儿园的一项重要工作。

案例：每天午餐时，老师都发现很多小朋友有不良的进餐习惯，如有些小朋友不吃蔬菜；有些小朋友不吃肉；有些小朋友吃饭非常慢，总是吃冷饭；有些小朋友吃饭会弄到桌子上。针对这类问题，老师做了个家庭调查，请每个家长将孩子在家里进餐的问题写下来，交给老师。这下，老师发现进餐问题还真是个大问题，几乎每个孩子都存在不同程度的进餐问题。于是老师设计了一个为期两周的名为“吃饭”的主题活动，跟小朋友们讨论了吃饭的姿势、均衡饮食等问题，并请家长在家中配合。

分析：进餐问题看似单一，却能够影响幼儿的身体健康、情绪状态，进而影响幼儿的人际交往和性格养成。因进餐问题而生病，更会影响到幼儿的到园率，从而影响幼儿的发展。案例中的老师较为敏锐地发现了本班幼儿的进餐问题，并将其与幼儿园教育教学结合起来，具有很好的教育敏感性。但同时，家庭是解决幼儿进餐问题的一个更为主要的场所，家长有关进餐的观念直接影响幼儿良好进餐习惯的养成，因而可以将幼儿园工作的触角延伸到家长的进餐观念中，这样效果会更好。

沟通要点

改善家长有关幼儿进餐观念的家园沟通，可以从以下三个方面着手。

1. 让家长充分认识到家庭中幼儿进餐存在的问题，产生改善的动机。

例如，有些家长认为孩子只吃肉不吃主食无伤大雅，吃菜少可以用吃水果来代替，等等，这些都是认识的误区。教师可以通过家长会讨论、班级网络空间交流等方式与家长交流，让家长充分认识到改善幼儿进餐习惯的必要性。

2. 为家长提供有关饮食营养的正确知识和信息。

教师应让家长认识到，并不是吃得好、吃得贵，孩子就能发育好，均衡饮食和天然饮食尤为重要。而不良的进餐行为，如吃得慢、吃饭易撒泼等，不单单影响幼儿的身体发育，还会影响到幼儿的同伴关系、自信等社会和心理层面的发展。

3. 帮助家长认识到幼儿良好进餐习惯的形成非一日之功，需要耐心养成。

一方面，家长要有耐心持续在家中对幼儿的饮食行为进行调整，为其创设良好的进餐环境；另一方面，教师与家长要通过家园合作来强化幼儿的良好进餐行为，并且要及时沟通幼儿在园及在家进餐行为的变化。

三、吃零食

很多时候为孩子购买零食已成为家长向孩子表达爱或奖励孩子的方式或手段。但同时，家长也能够在一定程度上看到零食对孩子的身体健康带来的危害。零食到底应不应该出现在幼儿的生活中？家长应该怎样看待幼儿吃零食的问题？幼儿园可以针对幼儿吃零食的问题为家长提供什么样的教育资源和观念支持呢？

案例：每到周一，小朋友的进餐情况都不是很好，老师就在周一设计了一个活动——“周末我吃了什么”。提起吃的，孩子们可兴奋了，“我跟妈妈去超市了，买了一大包好吃的……”“爸爸妈妈带我去游乐场了，还买了很多好吃的”“我姑姑带我去麦当劳了，吃了鸡腿、鸡翅、薯条”……不问不知道，原来，周末小朋友都淹没在零食的世界里了，看来这是个问题。

分析：适量的零食可以使家庭生活更为温馨，同时丰富幼儿的营养摄入种类。但过量的零食一方面会影响幼儿的进餐规律，也容易引起消化不良等问题；另外，很多小零食及煎炸食品中含有大量的添加剂、重金属等成分，长期摄入，将会对幼儿的身体发育产生负面影响，如性早熟、血铅超标等问题。从上述案例中可以看到，很多家长会在周末为孩子购买大量零食，或者带孩子去“好”吃“好”喝，这种看起来充满温馨和欢乐的行为背后却存在着巨大的隐患，值得纳入家园沟通的范围。

沟通要点

以改善家长有关零食的观念为目的的家园沟通，可以关注以下要点。

1. 帮助家长认识到零食对幼儿的危害。

教师可以搜集有关医学、营养学等领域的专业知识，帮助家长认识到过度食用零食对幼儿产生的危害；可以通过多种途径与家长进行沟通，如家园联系栏、幼儿园网站等。

2. 为家长提供合理的零食观念与零食教育方案。

在现实生活中，家长无法也没有必要完全禁止幼儿吃零食，但在零食的购买和食用方面，要有节制。在零食的购买方面，家长应尽量少地购买包装好的小食品，多购买天然零食，如干果类零食。家长应尽可能在家中自制健康零食，如煮板栗、蒸萝卜糕等。在零食的食用方面，家长要与幼儿约定食用时间和食用量，以不影响正餐食欲为宜。家长自身也要避免无节制地食用零食，以身作则。

3. 家园结合，让幼儿正确认识零食。

教师应让家长认识到，在家庭教育中，不能单一地通过外力来减少或禁止幼儿食用某些零食，可以充分发挥幼儿的主动性，让幼儿认识到零食的危害，产生自我零食管理的意愿。同时，教师在幼儿园中也应展开相关的教育，家园合作传递零食教育理念。

四、生长发育

幼儿的生长发育是每一个家长都非常关心的问题，具有由量变到质变、连续性与阶段性相结合、发展速度呈波浪式、各个系统发育不平衡、生理与心理发展相依赖等特点，并且受到遗传、营养与锻炼、生活制度、疾病及地理环境等因素的影响。很多家长对孩子的生长发育认识存在误区，导致孩子存在发育迟缓、发育不均衡、肥胖症等问题。幼儿园在家园沟通工作中，针对幼儿的生长发育为家长提供系统的知识和理念是必要的。

案例：阳阳是个很结实的男孩，比同龄的孩子看起来更高更壮，但是阳阳妈妈还是很担心，她说："我这个孩子几乎每个月都要住一次院，好了以后又很能吃，大多数时候是吃多了，上火生病的。这样行不行啊，长得挺快，但是经常用那么多抗生素，我担心对孩子的身体有负面作用。"玉玉奶奶担心的却不同，她说："我们玉玉生病比较少，但是吃得不够多，长得也不够高，怎么才能让她好好吃，长快点?"

分析：幼儿的生长发育涉及质和量两个方面，质的方面指幼儿生长发育的品质，如免疫力是否较强、各类营养元素是否均衡等。量的方面是指幼儿生长发育的结果，可以用身高和体重等指标来衡量。从以上案例中可以看到，阳阳虽然发育的速度较快，但发育的质量有待提高，玉玉发育的"质"较好，但"量"的方面还需要改善。每个幼儿的生长发育速度存在着差异，要避免"揠苗助长"，否则会使生长发育"质"的方面受损。也要避免"裹足不前"，以免幼儿发育迟缓，造成终身遗憾。总体来说，发育的"量"要服从于发育的"质"，发育的速度以幼儿身体状况健康稳定、各项指标均衡为标准。

沟通要点

在家园沟通中改善家长有关生长发育的养育观念，可以从以下三个方面着手。

1. 为家长提供有关幼儿生长发育的系统知识。

教师可以通过各种途径，如专家讲座、家长会、幼儿园网站等来传递有关幼儿生长发育的知识与观念。

2. 针对不同家长提供个性化指导。

每个幼儿的生长发育状况存在很大的差异，每个家长对于与自己孩子生长发育有关的信息需求也是不同的，这就要求教师在家园沟通中能为不同的家长提供不同的建议。

3. 充分利用家长资源服务于家长教育。

与生长发育有关的问题与医学密切相关，在家园沟通中，教师可以邀请在医院工作的家长，尤其是儿科医生，为其他家长服务，如开展讲座，或者提供一些专业信息等，这可以为家长提供更为专业的生长发育和保健知识。

任务二 安全保护

家庭中的安全保护是幼儿健康成长的保障，家长自身有关幼儿运动锻炼的观念，会影响到幼儿的运动能力和生长发育。幼儿在家庭中的安全保护和运动锻炼是在日常生活环境中进行的，具有随机性和复杂性的特点。如何提高家长在幼儿安全保护和运动锻炼方面的教养能力，也是幼儿园家园工作需要解决的一个问题。借助丰富的信息渠道，采用多样的沟通方法，为家长提供这类有关问题的系统而有针对性的指导是非常必要的。本节主要围绕家庭及公共场所安全、着装保护、传染病、运动锻炼四个方面展开讨论。

一、家庭及公共场所安全

幼儿年龄较小，自我保护意识不强，而家庭和公共场所中都存在着安全隐患。这两种环境中幼儿的安全教育主要由家长来承担，而家长的安全意识和教育能力存在着很大的差异。当前的家长的安全教育观念存在着一些问题，如以“禁止”为主，“被动”教育，公共场所安全教育部分缺失；等等。发挥幼儿园的资源优势，为家长的安全教育提供帮助，是家园沟通的一项重要内容。

案例：中二班开展了有关安全的主题活动，孩子们对消防安全很感兴趣，因此李老师很想让孩子们有机会参观消防站。月月爸爸在消防支队工作，李老师跟月月爸爸沟通之后，月月爸爸非常积极地配合，安排全班小朋友和家长在周日参观了消防站。孩子们和家长第一次看到了各种类型的消防器械、消防设备，了解了各种消防标志。消防支队的叔叔们还为小朋友表演了一个小型的消防演习。过了几天，月月爸爸又在幼儿园小礼堂为小朋友和家长开展了一个有关家庭和公共场所消防安全的讲座，家长们觉得自己了解了很多消防常识。

分析：在安全问题上，幼儿之所以会受到伤害，很大程度上是因为不了解危险事物，因而需要丰富幼儿对不安全因素的认知，如让幼儿了解一些天灾人祸，如火灾、水灾、地震、疾病、交通事故、拐卖人口等造成的伤害及其保护措施；再如，用适宜的方式告诉孩子爬高处、乱吃药、触碰电源等对身体的伤害。另外，培养幼儿的规则意识，提升幼儿自我保护的能力也是非常必要的，教师可以通过榜样示范、体验“危险后果”等方法对幼儿进行安全教育。上述案例中，教师利用了月月爸爸在消防安全上的专业资源，为全班幼儿及家长提供了丰富的安全教育，将幼儿园的教育教学与家长教育结合起来，是一种非常好的尝试。

沟通要点

在家园沟通中提高家长的安全教育能力，可以考虑以下三个方面。

1. 帮助家长充分认识安全教育的“死角”和“漏洞”。

安全问题多因“疏忽”而发生，教师可以通过多种途径，如在班级网络空间中呈现典型案例、邀请专家开展讲座、在家园联系栏中宣传等来向家长传播安全教育的“软肋”。

2. 让家长了解安全教育的有效方法及相关急救措施。

从直接的“禁止”，到帮助幼儿认识不安全因素，再到幼儿能够自我保护以及具备相关意外事故出现后的急救能力，教师要帮助家长获得“优化”的安全教育策略，可以采用家园互动、家长会讨论、观摩教学等方式。

3. 充分利用家长资源开展家长安全教育。

如果有从事与安全有关职业的家长，如消防人员、警察、商场管理者、水电专家等，都可以邀请其为其他家长提供相关的安全知识。

二、着装保护

着装问题，也是家庭教育中安全保护的一个重要方面。幼儿正处于生长发育阶段，皮肤细嫩、自理能力有限，因而其着装也应符合其身心发展特点。但是，很多家长按照成人的审美来打扮孩子，并且在孩子的着装上存在着一些误区，如给孩子穿的衣物面料过硬、过紧，影响孩子的发育和自由活动；衣服上有小的配饰，容易出现幼儿吞咽饰物的危险；穿得过大，孩子行动不便；穿得过多，孩子总是出汗，易生病；等等。在家园沟通中如何帮助家长修正幼儿的着装观念，是一个值得探讨的话题。

案例：皮皮都中班了，上幼儿园还总是生病，经常就不能来了。皮皮奶奶总是给皮皮穿得很厚，每天接送的时候总是提醒老师要给皮皮擦汗，要在什么时间给皮皮换哪件衣服，交代得很详细。皮皮平时在班上的自理能力也较差，喝水、穿鞋、穿衣服都比较被动。老师给皮皮奶奶提了一些建议，但她不以为然。后来，老师给皮皮奶奶讲了几次穿太多的坏处，慢慢地她接受了老师的一些建议，皮皮的身体也慢慢好起来了。之后皮皮奶奶对老师的工作更加配合了。

分析：幼儿的着装要遵循简洁方便、安全舒适、易于穿脱、便于活动的原则。幼儿脖子比较短，应选择领子较低的上衣，以方便幼儿头部活动。上衣的袖子不能太长，下摆不能太大或太窄。衣服上不要有装饰性的小珠子、金属标志等。内衣应选择柔软、透气、保暖性强的纯棉制品，外套则应选择结实耐磨、易洗易干的面料。裤子的长短宽窄要恰到好处，裤子松紧带的松紧程度要适宜，过松易掉，过紧影响腹部血液循环。幼儿的鞋子要轻便、舒适、透气，鞋帮要柔软，鞋底要有弹性和防滑性能，鞋子的大小以能在脚后跟处挤进一指为宜。幼儿穿衣的薄厚程度要适宜，略少于成人，且样式应便于增减。上述案例中皮皮奶奶在着装方面就犯了给孩子穿得太多的错误，这导致孩子总是出汗，易受凉生病。教师多次耐心地与其沟通，达到了很好的效果，而且得到了家长更多的支持。

沟通要点

以改善家长对幼儿的着装观念为目的的家园沟通，需要注意以下三个方面。

1. 在尊重家长审美观念的前提下，让家长认识到不合理着装的弊端。

教师在与家长沟通的过程中，首先要认可家长为幼儿选择的衣物的美观性，在此基础上帮助家长认识到着装存在的问题。

2. 利用多种沟通途径，使家长获得为幼儿购买服装的技巧。

在个别交流的基础上，可以进行家长之间的交流，让家长们互通有无，获取合理为幼儿购买服装的技巧。教师还可以请在幼儿着装方面做得好的家长来分享经验。

3. 对在着装方面有问题的家长和幼儿，要有耐心。

教师尤其要避免在幼儿园中对穿着不适宜的幼儿产生抵触情绪，或者在幼儿面前抱怨其着装问题。信息的内化需要一个过程，家长观念的调整和改善是需要时间的，教师只有充分理解家长，才能做好家园沟通工作，才有可能发挥幼儿园的家长教育功能。

三、传染病

传染病，尤其是流行性的传染病是威胁幼儿健康的一个重要因素。传染病是指生物性病原进入人体，破坏机体的平衡，并在人群中传播，引起流行的疾病。传染病具有传染性、流行性、地方性和季节性。幼儿常见的传染病主要有麻疹、流行性腮腺炎、流行性脑膜炎、病毒性肝炎、手足口病等。绝大多数家长都非常重视传染病的预防，但很多家长又走向了另一个极端——谈传染病色变，甚至因此不让幼儿参与集体活动。帮助家长正确认识传染病，最大限度地减少传染病对幼儿及家长正常生活的干扰，是家园沟通工作的一项内容。

案例：在手足口病流行期间，很多家长对这种流行病的医学知识及保护措施了解不充分，产生了不必要的恐慌，有的不送孩子来幼儿园了，有的减少了孩子户外活动的时间。针对这种情况，幼儿园通过网站、宣传栏、书面信等途径，向家长宣传手足口病的基本医学常识及预防保护措施，并清晰地介绍了幼儿园的消毒制度和消毒工作。这些措施大大减轻了家长的顾虑，丰富了家长预防流行病的经验。

分析：幼儿传染病的预防需要注意以下几个方面：经常开窗通风，保持空气流畅；加强幼儿的体育锻炼，增强体质，提高机体对病原菌的抵抗力；注意孩子的衣着，穿衣要适当，随气温变化增减，衣着要以脊背无汗为适度；注意给孩子平衡膳食，这样可以增强其身体的抵抗力；严格按照儿童计划免疫接种程序按时注射疫苗，提高孩子对传染病的免疫力以预防传染病；教育孩子讲究饮食卫生、个人卫生和文明的生活方式。在此基础上，不必过于恐慌。以上案例中家长因对疾病本身了解不充分而导致过分恐慌的情况也很常见，这就需要幼儿园为家长提供相应的信息，避免产生不必要的恐慌。

沟通要点

针对家长有关幼儿传染病问题的沟通工作，可以从以下三个方面着手。

1. 提供真实、及时的传染病相关知识与信息。

教师应利用幼儿园的资源优势，在传染病流行期间，为家长提供与疾病有关的知识与信息。

2. 为家长提供传染病预防的相关知识。

如何预防传染病是家长最为关心的问题，教师可以通过专家讲座、阅读推荐等方式帮助家长获得适宜的传染病预防知识。

3. 帮助家长树立保护自己的孩子和他人孩子的伦理观念。

针对少数家长在自己的孩子患病后瞒报导致更大范围的疾病流行的问题，教师应帮助家长树立安全的环境需要大家一起维护的意识，同时在幼儿园中，教师要充分尊重和保护病儿及其家长，以减轻家长和病儿患病后的心理压力。

四、运动锻炼

运动锻炼能够促进孩子的身体发育，增强体质，还能够促进幼儿智力的提升以及自我意识和心理健康的发展。在运动的过程中，幼儿的感知觉、协调平衡能力得到锻炼，并不断探索周围世界，认识自身与他人和环境之间的关系。大多数家长对幼儿的运动锻炼较为关注，但也存在着一些困惑，如对于不喜欢运动的孩子怎么办？如何把握孩子的运动量？运动就是跑跑跳跳吗？孩子运动的过程中家长需要注意什么？很多家长对于幼儿运动锻炼有部分认识，但还缺乏系统性，还有些家长对幼儿的运动缺少积极的干预和指导，使幼儿的运动过程在自发状态下进行。在家园沟通中帮助家长获得有关幼儿运动锻炼的系统而科学的指导能力是非常重要的。

案例：小小班的王老师在班级主页的“本班公告”中发布了题为《如何引导幼儿在家庭进行体育锻炼》的帖子：

幼儿的体育锻炼要根据幼儿的心理、生理特点进行，特别要注意其中的趣味性，以此来引导孩子自觉进行身体锻炼。

家庭体育锻炼可从以下三个方面入手：

1. 让孩子做模仿操。

可以模仿小鸟飞、小鸭走、小兔跳、小马跑等；也可以模仿解放军开枪、投弹、瞭望；还可以模仿成人的一些动作，如打气、割草、缠线等。这些动作形象生动，幼儿很愿意接受，能够促进孩子肌肉、骨骼的正常发育。

2. 家长和孩子一起做小游戏。

如推小车，小猪、小乌龟驮物等，孩子在进行这些游戏时不仅感到非常愉快、有趣，而且加强了对肢体肌肉和内脏器官功能的锻炼。

3. 帮助孩子自制一些小玩具。

如降落伞、绳毽、飞夹、小飞机等，有利于孩子手臂及身体的活动。

孩子在进行锻炼时，一定要注意安全，避免孩子产生恐惧心理，同时要量力而行，不可让幼儿活动量过大或时间过长。总之，以孩子身心达到强健、愉快为目的。

分析：家长在指导幼儿进行运动锻炼时，首先要考虑运动的安全性和运动时穿着的舒服方便，在此基础上要在丰富的环境中进行室内外走、跳、跑、攀登等体育运动，这样既可以利用充足的阳光、新鲜的空气、清洁的水流等自然条件，又能够对孩子的健康成长产生积极的影响。另外，还要在活动的过程中观察幼儿运动的表现，如某些方面的运动能力不足，可以进行专门指导；涉及的运动类型单一，可以提供其他类型活动的器材。幼儿运动量的大小以运动后能够很快恢复体力、不影响食欲、没有运动损伤为标准。家长在幼儿运动时，还要创造机会让幼儿与同伴或成人进行交往。上述案例中，教师为小小班幼儿家长提出了引导孩子进行锻炼的具体建议，考虑到了运动锻炼的趣味性、交往性等问题，具有较强的操作性。

沟通要点

针对家长指导幼儿进行运动锻炼的家园沟通工作，可以从以下三个方面展开。

1. 帮助家长认识到运动锻炼对幼儿发展的价值。

教师可以通过个别沟通、网络平台宣传等方式使家长获得对幼儿运动锻炼较为系统的认识，并扭转不当的运动锻炼观念。

2. 为家长提供指导幼儿进行运动锻炼的具体策略。

例如，如何观察孩子的运动过程、如何促进孩子在运动过程中的感觉统合发展、如何发展幼儿的小肌肉运动能力；等等。同样，教师也可以采用多种沟通途径，如网络平台、家园联系栏等。

3. 通过多种类型的家园活动为家长提供有针对性的幼儿运动指导。

教师可以通过邀请家长观摩体育教学活动，参加亲子运动会、班级春游、班级集体外出等活动，让家长亲身感受如何指导幼儿的运动锻炼。

任务三 生活习惯

幼儿期是良好生活习惯养成的关键期。幼儿对周围环境十分敏感，容易接受成人的观点，喜欢模仿，极易受外界的刺激和影响，并会在大脑中留下深刻的印象。而且幼儿期是最容易接受教育的时期，也是为未来生活习惯奠基的时期。家庭是幼儿生活的第一个场所，父母是幼儿的第一任老师。家庭环境和父母对幼儿良好生活习惯的养成有巨大的影响。利用家园沟通的机会使家长树立正确的有关幼儿生活习惯培养的观念，是家园沟通中值得关注的一个问题。本节主要对生病、做事磨蹭、自理、使用电子媒介四个方面的家长教育展开讨论。

一、生病

幼儿的身体正处在发育过程中，免疫力也比成人低，难免受到饮食、天气变化、衣物增减等因素的影响而生病。生病后，幼儿的情绪较为低落和不稳定，更想得到成人的安慰和爱护，很多孩子在生病后不愿吃药，出现撒娇、耍赖、哭闹等行为，很多家长对此束手无策。在孩子生病时，家长应如何解决孩子吃药难的问题？这种特殊时期的生活习惯应如何养成？孩子生病期间什么样的要求既能够呵护孩子，又不会影响其平时的习惯养成？这类问题也是家园沟通工作中值得关注的问题。

案例：有家长在家长会上提道："孩子每次吃药，都是全家人最头疼的事，不知有什么好办法?”中一班在家园联系栏里设置了关于这一问题的讨论，将家园联系栏分为两部分，“我有好办法”和“专家如是说”。同时发给每位家长一张卡片，让家长填写自己在这方面的好办法，选择一些贴在“我有好办法”一栏。教师再通过对期刊和专业书籍的查找，将对这一问题的权威性的解释和解决策略贴在“专家如是说”一栏。

分析：很多幼儿平时较为乖巧、懂事，但生病的时候往往更容易撒娇、耍赖，这与幼儿生病时身体不适密切相关，也与生病后在心理上想得到成人更多的爱护和安抚相关。但是在孩子生病时，如果家长因其身体不适一味纵容，一方面，孩子不能按时服药，其身体无法及时恢复健康；另一方面，会对孩子以后的良好生活习惯的养成产生负面影响。因而，在幼儿生病时，家长应该遵循的原则是“呵护有加，坚持原则”。一方面让孩子在身体不适时，感受到成人的温暖和爱护；另一方面，平时生活习惯中的原则性问题，不能向孩子妥协，服药问题更不能向孩子妥协，具体的方法因每个幼儿的性格和家庭环境的不同可以有差异。以上案例中教师能够将这一类问题作为共性问题纳入家长讨论的范围，很好地抓住了家园沟通的契机。

沟通要点

针对幼儿生病期间生活习惯问题开展的家园沟通，需要着重把握以下三个方面。

1. 帮助家长了解幼儿生病的生理和心理特征。

教师可以通过阅读推荐、专家报告、家长会讨论等方式向家长系统地介绍幼儿生病时的生理和心理特征，以使家长能在准确把握幼儿身心特点的基础上帮助幼儿养成良好的生活习惯。

2. 为家长介绍在幼儿生病期间养成适宜生活习惯的策略。

教师应让家长了解到在幼儿生病期间一味地溺爱纵容是不适宜的，不适当增加情感交流也是不适宜的。家长在幼儿生病期间应坚持“呵护有加，坚持原则”的基本态度，在此基础上采取具体的策略。

3. 为不同类型的家长提供有关此类问题的具体建议。

幼儿生病期间的表现因幼儿的性格、身体状况而存在很大的差异，因而，教师除了为家长提供以上两个方面系统的建议外，还可以有针对性地为不同类型的幼儿家长提供建议。

二、做事磨蹭

随着幼儿年龄的增长，幼儿开始独自或与家长配合来完成一些任务，如穿衣、吃饭、外出前的准备工作等。很多家长发现自己的孩子存在做事磨蹭拖拉的问题，如边吃饭边玩、起床拖拉、出门前磨蹭等。这看起来不是个大问题，但这不利于幼儿时间观念和做事的效率意识的养成。对于这一类问题，很多家长很头疼，但也有些家长并没有认识到这一类问题的严重性。如何在家园沟通中使家长树立有关这类问题的正确的养育观念是一个值得探讨的问题。

案例：小三班的张老师在本班的班级论坛里看到，有些家长在讨论自己的孩子做事磨蹭的问题，觉得这是一个共性的问题，很多孩子都有类似问题，就参与了家长的讨论。后来，有家长说："不如张老师给我们开个座谈会来讲一讲吧。"张老师跟园长商量后，园长觉得这是家长学校一个很好的话题，于是就在幼儿园门口公布了家长学校通知，邀请感兴趣的家长和老师来参加。在家长学校课堂上，大家不但充分讨论了这个问题，园长还向家长推荐了相关的书籍。

分析：幼儿做事磨蹭是一个可以弥散到生活所有环节的习惯，在很多幼儿身上都存在这类问题。这种情况与幼儿的时间观念和责任意识密切相关。幼儿具有以自我为中心的心理特征，在幼儿的世界里，吃喝拉撒这些事情都是自然发生的，其节奏是由其自己控制的，不受外界影响。随着年龄的增长，幼儿逐渐有了时间的意识，有了快和慢的意识，也开始能够认识到自己与周围人的关系。因而，对于这类问题，首先，要帮助孩子逐渐树立时间的意识，能够看到做事快与慢的区别；其次，要逐渐让幼儿认识到自己与他人的关系、自身作为家庭一员所扮演的角色，使幼儿愿意为了家庭共同的任务来加快节奏做事。上述案例中，张老师和园长及时将家长反馈的幼儿做事磨蹭的问题上升为家长学校的一个话题，很好地承担了幼儿园提高家长育儿水平的社会责任。

沟通要点

针对幼儿做事磨蹭问题开展的家园沟通可以从以下三个方面入手。

1. 引起家长对这类问题的重视。

并不是所有家长都能够意识到这类问题的重要性，因而教师可以通过宣传一些典型案例、讲述发生在本班幼儿身上的真实事件等来引起大多数家长的重视，使其产生关注这类问题的动机。

2. 充分了解本班或本园幼儿在做事磨蹭问题上的具体表现。

教师可以通过班级论坛、班级QQ群、家长问卷等方式充分收集幼儿在做事磨蹭问题上的具体表现。

3. 针对幼儿的具体表现，提出改善策略。

教师可将幼儿的不同表现进行归类整理，针对不同的类别为家长提供建议，也可以充分调动家长来提出解决策略。

三、自理

幼儿生活自理能力是指幼儿在日常生活中照料自己的行为能力，即自己照顾自己的能力。随着幼儿思维和动作能力的逐步发展，幼儿逐渐能够自己完成一些力所能及的事情，如穿衣、吃饭、整理玩具等。儿童发展心理学认为，2～4岁是幼儿生活自理能力培养以及健康生活、卫生习惯初步养成的关键时期，对幼儿进行生活自理能力的培养，不仅具有发展幼儿与人交往、自我保护的能力，培养规则意识和健康生活习惯的作用，而且有助于培养幼儿良好的责任感、独立性、自信心，对促进幼儿形成坚强、勇敢和独立探索的优良品质具有非常重要的意义。[①] 当前，家长有关幼儿生活自理能力的养育观念还存在着一些问题，如包办代替、缺少规则、过于严格等。帮助家长培养幼儿的生活自理能力是家园沟通中的一项重要内容。

案例：童童只要一回到家里就上爬下钻，找到什么就玩什么，玩完之后也不收拾。地上、床上、桌上，到处都是书和纸片，笔和笔帽经常分家，组装玩具也不成套了，零零散散地到处都是，因此童童的妈妈很是头疼。西西就不同了，西西的奶奶很爱整洁，从小就对西西提出了很多要求，不许动这个，不许弄那个，玩玩具只可以在一个地方玩，玩完要收起来。西西在家里很乖，但是性格有些拘谨，如果东西不能放回原处，他就很不舒服，甚至要哭闹。

分析：玩具是幼儿必不可少的朋友，每个幼儿都会拥有很多玩具，随着年龄的增长，整理玩具成为幼儿的一项重要的生活自理能力。幼儿自己整理玩具需要家长为幼儿提供摆放玩具的场所，并与幼儿一起进行归类，帮助幼儿了解归类摆放整理的意义，使其逐渐养成及时整理玩具的习惯。但是很多家长在幼儿整理玩具这个问题上都感到苦恼，正如案例中童童的妈妈因为对孩子缺少要求，孩子没有整理意识而头疼，而西西则因为奶奶要求过于严格而变得拘谨起来。对于整理玩具的要求不单单影响幼儿的

① （美）谢弗．发展心理学：儿童与青少年［M］．8版．邹泓，译．北京：中国轻工业出版社，2009.

行为习惯，还有可能影响其性格、创造力等的发展。

沟通要点

以提高家长有关幼儿生活自理能力的育儿水平为目的的家园沟通需要注意以下三个方面。

1. 帮助家长认识到幼儿生活自理能力的重要性。

教师可以通过家长问卷发放、阅读推荐、家园沟通栏宣传等方式，让家长认识到培养幼儿生活自理能力的重要性。

2. 为家长对幼儿生活自理能力的培养提供策略。

教师可以通过多种途径，如幼儿园网站宣传、典型案例分析、幼儿园教学活动观摩等方式，为家长提供培养幼儿生活自理能力的策略。

3. 有针对性地为不同的家长提供建议。

教师应针对不同幼儿的情况，为不同的家长提供具体的建议，如针对拥有不同程度生活自理能力的幼儿，为其家长提供不同的策略，考虑生活自理能力培养过程中对幼儿自主性和创造力的影响。

四、使用电子媒介

随着社会信息化的发展，媒介种类越来越多，传播手段趋向多元。电子媒介除电视、录音带等传统媒介外，电脑、互联网、电子出版物等新兴媒介在寻常百姓家也十分普及。当代儿童比以往任何一代儿童都更充分地享用着多样的媒介渠道，享受着丰富的信息资源。然而，很多家长由于使用方式不当、媒介内容质量不高等问题，对电子媒介的使用存在着困惑和误区。帮助家长使幼儿最大限度地从各种媒介中获益，并将媒介的消极影响降至最低，是家园沟通中的一项重要任务。

案例：一次家长会上，星星的妈妈说："我的孩子上大班了，该懂事了，可还是一点长进也没有，回家就看电视，也不学习，催几遍才肯去吃饭，有时候吃饭也看电视，关了电视就哭闹。为此，他爸爸骂过，也打过，都不管用，我都想把电视的线拔掉了，真是愁人。"这一说就炸锅了，其他家长也说，自家的孩子总是玩手机游戏、看动画片等，很令家长头疼。

分析：现代电子媒介对幼儿而言是一把双刃剑，一方面，各种类型的电子媒介可以开拓幼儿的视野，增长幼儿的知识，有些媒介还可为幼儿提供互动的学习方式，受到很多家庭的欢迎；另一方面，幼儿家庭教育中电子媒介的使用也存在一些问题，如不适宜的媒介内容可能增加幼儿的攻击性，产生焦虑、恐惧等负面情绪；过度使用电子媒介减少了幼儿人际交往和身体运动的机会等，都会对幼儿的身心健康发展产生负面影响。案例中的星星就是过度依恋电视，影响了其正常的生活。在家庭中绝对禁止幼儿使用电视、电脑等电子媒介是不合理的，也是不必要的，关键在于如何合理地引导幼儿使用电子媒介。在家园沟通中，与家长探讨此类问题是很有时代意义的。

沟通要点

以帮助家长在家庭教育中引导幼儿合理使用电子媒介为目的的家园沟通需要重点关注以下三个方面。

1. 帮助家长系统了解各种现代电子媒介的特点以及幼儿使用电子媒介的利弊。

教师应通过各种途径，如专家讲座、阅读推荐、班级博客讨论等帮助家长了解各种电子媒介的利弊。如电视广告对幼儿听力和视力的影响、动画片中语言的使用与书籍中语言使用的差异；等等。

2. 帮助家长合理看待现代电子媒介。

电子媒介并不是洪水猛兽，教师应从幼儿学习和发展的特点与需要出发，帮助家长厘清不同类型的电子媒介对幼儿的利弊以及如何在电子媒介使用的时间及类型上做出合理的选择。

3. 鼓励家长之间对电子媒介的选择和使用进行沟通交流。

现代电子媒介正随着信息技术的发展而不断发展变化。因而，在这类问题上，教师或幼儿园应持开放态度，鼓励家长之间进行交流、家长与幼儿园之间进行交流，不断地发现、探索和合理利用对幼儿发展有价值的新型电子媒介。

复习与思考

1. 在家园沟通工作中如何使家长树立正确的性教育观念？

2. 当前家长有关幼儿安全保护的困惑与问题主要表现在哪些方面？如何通过家园沟通工作来提高家长关于幼儿的安全保护教育水平？

3. 如果你是一名幼儿教师，你将如何帮助家长指导幼儿使用电子媒介？

项目七 教育理念

学习目标

通过对本项目的学习，了解家庭教育中相关教育理念的理论及基本立场；能够捕捉提升家长教育理念的家园沟通契机；能适当运用合理的沟通策略和资源来提升家长的教育理念。

知识储备

本项目主要论述以转变和提升家长教育理念为目的的家园沟通工作。从儿童发展、亲子关系和家庭文化三个方面展开讨论，具体分析了当前家长应持何种教育理念以及家长在这三个方面存在的问题和误区，并结合案例分析了幼儿园在家园沟通工作中应如何提升和改善家长的教育理念。

思政目标

增加知法、守法意识，树立平等思想，遵循诚信原则。

任务一　儿童发展

所谓儿童发展观，就是关于儿童及其发展的基本看法与理念。除了儿童发展的概念以外，还包括儿童人性的特点、儿童发展的性质、影响儿童发展的因素和儿童发展的价值目的等重要内容。[①] 家长关于儿童发展的基本观点是家庭教育的基石，家庭教育的底色，可以辐射到家庭教育的方方面面。然而，现实生活中很多家长所持有的儿童发展观是不正确或存在偏差的，如：对孩子过度呵护，剥夺了孩子探索外部世界的机会；过于看重识记类知识的获取；等等。利用家园之间的密切关联，在家园沟通中，帮助家长树立适宜的儿童发展观，是幼儿园家长教育的重要部分。另外，与家长在儿童发展观方面的沟通也使幼儿园有机会发现和反思当前存在的各类儿童发展观问题，从而更好地服务于幼儿和家长。本节从实践与发展、交往、生活能力、个体独特性、知识与能力五个方面展开讨论。

儿童发展

一、实践与发展

皮亚杰认为，儿童的发展是一种建构的过程，是在个体与环境的不断相互作用中实现的。儿童的发展是以发展主体的自我调节为机制的自我演变过程。[②] 同时，环境因素对儿童的作用，产生于儿童主体与环境的相互作用活动之中。儿童的发展是一个不断演变的建构过程，在这一过程中，儿童主体的活动是第一性的，是发展的根本原因，遗传与环境因素只是儿童发展的必要条件。可以看出，实践、参与、探索、感受是儿童获得发展的基本路径。但现实中，很多家长并没有充分认识到这一教育的基本原理，很多时候越俎代庖，或者剥夺孩子实践的机会。在家园沟通中，要让家长充分认识到实践对幼儿发展的价值，从而在实践中让幼儿获得发展。

① 李恒．简述儿童发展观的历史演变［J］．湖北第二师范学院学报，2011，28（10）：109—113.

② 皮亚杰．皮亚杰教育论著选［M］．卢濬，译．北京：人民教育出版社，1990.

案例： 中班放暑假前，教师请每个孩子在假期种植一盆太阳花，新学期开学时带到班里，并安排暑假进行家访，就孩子的种植态度、种植方法、种植过程中产生的问题、家长是否参与了孩子的种植、家长是如何与孩子互动的、孩子在种植过程中有了哪些发展等问题与家长进行沟通与交流。在这一过程中，家长认识到对孩子的教育是渗透在实践中一点一滴进行的。（《摘自家园共同体的建构——幼儿园家长工作的方法与策略》）

分析： 个体的智力是在实践的过程中逐渐发展的，而对幼儿而言，亲身参与、观察、感受的实践才是更有价值的实践。幼儿有很多机会了解植物生长的过程，如通过图书、电视节目、录像等，但亲自参与种植将会使幼儿获得很多间接了解无法获取的信息，如植物生长的速度、植物的气味、植物不同部位的质感；等等。案例中，教师为幼儿布置的暑假作业，正是出于这样一种考虑，同时还考虑到了幼儿在探究过程中的探究意识、与家长的互动等，如果能够在这个作业的基础上帮助家长更清晰地了解这样做对儿童发展的价值，将是一个更为成功的家园沟通案例。

沟通要点

以帮助家长了解实践对幼儿发展的价值为目的的家园沟通，可以从以下三个方面着手。

1. 帮助家长从理论上理解实践对幼儿发展的价值。

教师可以通过典型案例分析、阅读推荐、幼儿园网站宣传等途径，帮助家长从理论上了解实践对幼儿发展的价值。

2. 与家长讨论如何让幼儿参与实践更有利于幼儿的发展。

教师可以通过幼儿园教学观摩、专家讲座、家长会讨论等途径让家长了解什么样的实践对幼儿的发展是有价值的，如何引导幼儿参与实践、在参与过程中家长和幼儿分别扮演什么角色等。

3. 帮助家长厘清亲身实践与间接学习的关系。

亲身实践与间接学习在儿童发展中是互为补充的，只是年龄越小的儿童亲身实践所占的比例越大。教师可以通过多种途径引导家长思考如何处理二者的关系。

二、交往

交往是人类从事社会活动必备的基本能力和自我需求。幼儿的社会交往能力是指能察觉他人的情绪意向，有效地理解他人和善于同他人交际的能力。社会交往有利于幼儿的认知、积极情绪、亲社会行为的发展。家庭教养方式是影响幼儿社会交往的一个重要因素。在幼儿社会交往行为的发展过程中，父母的直接教育和社会交往行为起重要的作用。但是很多家长对于幼儿交往的形式、内容、交往过程的参与还存在很多认识上的误区，因此在家园沟通工作中，教师应改善家长的交往理念。

案例：一次元宝妈妈着急地说："哎呀，我的女儿就喜欢在家玩，不喜欢去跟小朋友玩，怎么办？"

教师反问："您觉得您的女儿为什么喜欢自己在家玩，不喜欢出去玩呢？"

元宝妈妈想了一下说："她害怕跟小朋友交往啊，胆小。"

教师说："为什么您认为她害怕与小朋友交往呢？"

元宝妈妈说："因为她和小朋友玩时，总会产生矛盾。有的时候还哭着回来，有的时候说别人不带她玩。"

教师追问："为什么您跟她玩就没有产生矛盾呢？"

元宝妈妈笑着说："因为我知道她喜欢玩什么，知道怎么配合她玩呀。"

教师反问道："那么您的孩子会配合您吗？"

元宝妈妈说："不知道，都是我配合她。"

教师："您怎么能让她知道每个人都需要配合别人呢？"

元宝妈妈想了一下说："是不是要让她跟其他孩子玩呀？"

教师："是啊，您要给她交往的机会，让她学会解决问题和矛盾。"（摘自《家园共同体的建构——幼儿园家长工作的方法与策略》）

分析：幼儿的交往能力是在真实的交往过程中获得发展的，幼儿只有在与不同类型的人的交往过程中才能获得与人交往的意识、技巧、能力，如成人、同伴、熟悉的人、陌生人、友好的人、不友好的人等。从上述案例中我们可以看到，元宝妈妈在与元宝交往的过程中总是主动配合元宝，久而久之就导致元宝失去了在真实的情境中与同伴交往的能力，这实际上是一种交往中的过度呵护。教师采用苏格拉底式的反问，逐步引发家长思考，最终使家长认识到自己的问题，充分显示了这位教师在家园沟通中的实践智慧。

沟通要点

以改善家长的交往理念，提高幼儿的交往能力为目的的家园沟通，可以从以下三个方面着手。

1. 充分了解当前家长在幼儿交往上存在的问题与误区。

教师可以通过家长问卷、班级论坛、家长会等多种方式了解当前家长在幼儿交往问题上存在的困惑与误区，如同伴交往、陌生人交往、交往技巧等。

2. 帮助家长树立正确的交往观念。

教师可以通过阅读推荐、个别交流等方式帮助家长树立正确的交往观念，如让孩子充分交往、减少对孩子交往的干扰、适当指导孩子的交往、正确处理交往与独处的关系等。

3. 帮助家长获得提高幼儿交往能力的教育策略。

教师可以通过典型案例分析、两难问题讨论、幼儿园教学观摩、个别交流等方式帮助家长获得提高幼儿交往能力的教育策略。

三、生活能力

杜威说过“教育即生活”，人的发展是整体的，生活与学习是相通的，也是融为一体的。在幼儿阶段这一特征更为明显，幼儿的大部分学习和发展都是在真实的生活中，在吃喝拉撒中完成的。在生活的每一个细节中都蕴含着无数的幼儿观察、思考、探究、解决问题的契机，就是在这种细琐的日常生活中，幼儿的发展已经实现了。然而，很多家长并没有认识到这一点，认为孩子的生活能力长大以后自然就会具备，现在最重要的是让孩子学认字、背诗、唱歌、弹琴……改善、扭转家长的这种轻视幼儿生活能力培养的观念，是当前家园沟通中的一项重要内容。

案例：从与蒙蒙爸爸的交往中，孙老师发现他并不在意对孩子生活能力的培养，认为孩子吃饭穿衣根本不需要学习，长大后自然而然就会了。他更为注重孩子学了多少知识、会不会画画、能不能唱歌。但是因为生活自理能力较弱，蒙蒙缺乏自信心，在班上说话的声音都是小小的。孙老师在幼儿园里单独教蒙蒙穿鞋，他终于学会了。当蒙蒙爸爸来接孩子的时候，孙老师告诉他：“蒙蒙今天终于把一只鞋子穿上了，你看他的表情多自信啊。”蒙蒙也很骄傲地看着爸爸，指着鞋子大声说：“这是我自己穿的。”爸爸听了很感慨地说：“哦，原来穿鞋子对孩子还有这么大的意义呀！”（摘自《家园共同体的建构——幼儿园家长工作的方法与策略》）

分析：幼儿生活能力是幼儿整体能力的一部分，生活能力与学习能力、交往能力等是相辅相成、互相影响的。从上述案例中我们可以看到，蒙蒙爸爸较为忽视对孩子生活能力的培养，认为孩子长大了自然就会了，殊不知，生活能力低下可能会对幼儿产生整体的负面影响，如案例中的蒙蒙缺乏自信心，进而影响语言表达的积极性，还有可能会影响到他与同伴的交往。在幼儿的世界里，“生活无小事”。另外，忽视对孩子生活能力的培养还可能导致孩子未来发展出现高分低能的现象。案例中的教师通过在幼儿园中对蒙蒙生活能力的培养，帮助幼儿树立了自信心，从而改变了家长的认识，是家园沟通中一种很好的策略。

沟通要点

以提升家长对幼儿生活能力的认识为目的的家园沟通工作可以从以下三个方面着手。

1. 帮助家长充分认识幼儿生活能力的重要性。

教师可以通过班中典型案例分析、家长会讨论、班级博客讨论等方式，使家长充分认识到生活能力对幼儿发展的重要性。

2. 为家长提供较为系统的生活能力培养策略。

教师可以通过邀请家长到幼儿园做家长志愿者、开展专家讲座、推荐阅读书目等方式，帮助家长获取培养幼儿生活能力的策略，从而在生活能力的培养中促进幼儿全面发展。

3. 针对个别家长提供有针对性的指导策略。

教师可以根据幼儿在生活能力方面的不同表现，针对个别家长提供具体的、连续性的指导策略。

四、个体独特性

共性与个性是一对相对的概念，我们在寻求个体发展的一般规律的基础上，还要充分认识到每个人都是世界上独一无二的个体，个体间存在着巨大的差异。每个幼儿由于身体感受性、气质、性格、兴趣等因素，也存在着巨大的个体差异，如有的幼儿对节奏敏感，喜欢唱歌，有的幼儿对色彩比较敏感；有的幼儿喜欢静的活动，有的幼儿喜欢身体动作；有的幼儿语言发展较早，而有的幼儿则相对较晚；等等。在当前的家庭教育中，很多家长能够认识到幼儿之间存在差异，但还不能很好地将这一认识运用到家庭教育中，如有些家长迫切想让孩子多识字、多学东西；有些家长一看到自己孩子的表现不如同龄孩子，就会非常焦虑；有些家长强迫孩子学习自己不想学的东西。家园沟通中如何帮助家长认识个体独特性并遵循这一规律为孩子提供适宜的教育环境是一个值得关注的问题。

案例：每到开学的时候，家长们总会跟王老师聊到给孩子报兴趣班的问题。云云的妈妈说："我工作太忙，给她都报上，可以晚点来接她。"豆豆的爸爸说："哪个班都想学，多学点，没坏处。"皮皮的奶奶却说："不用报，他爸爸小时候不就什么都没学吗？还不是挺好的，报那么多班是浪费钱。"

分析：兴趣班的问题是一个广受关注的问题，与幼儿个体独特性密切相关。案例中提到的三位家长是当前家长对兴趣班态度的典型代表：以学代管、多学、不学。可以看出，这几位家长为孩子报兴趣班的出发点都不是针对幼儿，而是从自己的角度来考虑问题，更没有考虑到自己孩子的兴趣和个体独特性。这正是通过家园沟通开展家长教育的一个契机，教师可以抓住这个契机，引发家长思考、讨论孩子上兴趣班的问题。

沟通要点

以帮助家长认识幼儿个体独特性及其在家庭教育中的应用为目的的家园沟通，可以着重考虑以下三个方面。

1. 帮助家长认识每个幼儿都是具有个体独特性的。

教师可以通过阅读推荐、家长会讨论、专家讲座等方式，帮助家长认识到每一个孩子都有其特殊的能力、特长、兴趣，也有其不擅长的方面。

2. 引导家长将对个体独特性的认识应用到自己孩子身上。

教师可以通过典型案例分析、教学活动观摩等方式，让家长认识到自己的孩子与其他孩子之间的差异，从而接受并遵循这种差异。

3. 引导家长在个体独特性的基础上思考孩子的未来发展。

教师可以通过多种途径进一步引发家长思考：自己的孩子将来适合成为什么样的人？想让自己的孩子将来成为一个什么样的人？这类问题可以帮助家长更深入地理解儿童发展观。

五、知识与能力

知识与能力是两个不同的概念。知识是一种经验，是人类认识世界、改造世界的经验总结和升华。所谓人的能力，是以人的一定的生理、心理和文化素质为基础，在认识和社会实践活动中形成、发展并能表现出来的能动力量。懂得公式、定理、概念属于知识；正确运用公式、定理、概念则属于能力。能力与知识的关系密不可分，一方面，能力离不开知识，以知识为基础；另一方面，能力能促进知识的掌握和运用，是获取知识、运用知识的必要条件。当前的幼儿家庭教育中，家长在对知识与能力的认识上还存在着一些误区，如重知识轻能力，或者轻知识重能力等。帮助家长认识知识与能力的关系是家园沟通的一项重要任务。

案例：今天，小宝的爸爸问我："许老师，我们家小宝不喜欢学写字，也不喜欢数字、拼音这些，怎么办？我看比他还小的孩子都能从 1 数到 100，他数不到 20 就不数了，别人家的孩子会背很多诗，我们一个都不会。虽然说孩子还小不急着学，但是一看到人家的孩子都会那么多，还是很着急的。我该怎么教他？"这使我想起前段时间，皮皮的妈妈跟我讲过："我看到育儿书上专家说现在的教育重知识、轻能力，还是别学那么多知识好吧，让他自己玩吧。"

分析：知识与能力之间的关系并不是相互排斥的，而是相互促进的。当前家庭教育中之所以出现重知识轻能力或轻知识重能力的问题，都是因为没有理解知识与能力之间的关系，忽视了知识学习过程中对能力的培养，或者机械地把知识学习看作与能力发展无关的行为。上述案例中，小宝的爸爸急于让孩子学习知识，殊不知超出幼儿理解和驾驭能力的知识学习，就仅仅成为机械的灌输，无法伴随能力的提高。皮皮的妈妈没有看到知识与能力的关联，将其对立起来，认为二者不能兼得。家长的这些表现也正说明家园沟通中需要关注家长对此类问题的认识，改善家长的教育理念。

沟通要点

在家园沟通中帮助家长认识知识与能力的关系可以从以下三个方面着手。

1. 充分了解家长在知识与能力的关系方面的认识水平。

教师可以通过家长问卷、家长会、班级论坛等途径，了解当前家长在此方面的认识水平。

2. 通过典型案例的呈现帮助家长获得在教育中如何协调知识与能力关系的策略。

典型的案例可以让家长对知识与能力的关系认识更为深入，从而起到示范作用。

3. 针对家长的特殊问题提供具体策略，鼓励其他家长进行思考并提出建议。

教师可以针对不同家长有关知识与能力的问题，鼓励其他家长参与讨论，进行思考，共同提高。

任务二 亲子关系

亲子关系是指父母与子女之间的关系，它是人生最早形成的人际关系，也是家庭中最基本的一种人际关系。亲子关系不仅是一种血缘关系，更是一种心理联系，具有不可选择、不可替代、持久、稳定等特点。亲子关系是儿童人格形成和心理健康发展的重要基础。亲子关系的性质影响了家庭教育的质量。什么样的亲子关系是最具有建设性的？父母和孩子之间保持什么样的关系最有利于孩子的发展？这些问题既影响家庭教育的质量，又影响幼儿园的教育教学工作，因而，在家园沟通中关注此类问题，提高家长建设适宜亲子关系的能力是有必要的。本节将从父母角色、双向付出、威信与平等三个方面展开讨论。

一、父母角色

在历史上，亲子之间的地位关系发生了一系列的演变，从儿童是父母的私有财产，到儿童与成人拥有平等的权利，再到“儿童是成人之父”的呼唤，父母与儿童之间的地位关系发生了天翻地覆的变化。但是，今天这个问题依然困扰着很多家长，家长在孩子的成长过程中到底应该扮演什么角色，承担什么责任？有关孩子成长的问题，家长和孩子分别应该拥有什么样的决策权？大包大揽型和放任不管型的家长孰优孰劣？在家园沟通中关注父母角色方面的问题是有价值的。

案例：幼儿园的家长学校贴出了一个话题预告。

听话的孩子，要得还是要不得？

您的孩子听话吗？您对不听话的孩子都采用了什么办法？您更喜欢听话的孩子还是不听话的孩子？时时事事都听话的孩子是您想要的吗？欢迎您参与本周的家长学校，我们将请××大学的心理学博士来跟大家一起讨论这个话题。

时间：本周五晚7：00～9：00。

地点：多功能室。

分析：“听话”是一个在家长口中出现频率非常高的词汇，很多家长都以孩子听话为荣，而对孩子不听话感到焦虑。一方面，听话是幼儿性情温和、通情达理的一种表现；另一方面，“听话”也是对父母角色的一种反映，意味着对父母的服从，意味着在亲子关系中的一种被动地位。因而，绝对的听话在一定程度上是对幼儿主体性的抹杀，使幼儿失去了自己做出判断和决策的能力和机会。应该允许孩子做出自己的判断，允许孩子在有些时候说“不”。案例中，幼儿园的家长学校能够捕捉到“听话”这个话题与家长讨论，抓住了亲子关系中的重要话题。

沟通要点

1. 引导家长关注自身在亲子关系中的角色问题。

教师可以通过阅读推荐、专家讲座、案例分析等方式，引导家长关注自身在家庭教育中的角色问题。

2. 与家长讨论家庭教育中适宜的父母角色定位。

家庭教育中父母角色的定位以幼儿当下和未来的良好健康发展为基本标准，每个家庭中父母的角色定位不尽相同，鼓励不同的家长表达不同的意见。

3. 选择典型的案例或有争议的话题，引发家长进一步思考家庭教育中的父母角色问题。

教师可以通过家长会、幼儿园网站、班级论坛等途径，鼓励家长积极思考此类问题。

二、双向付出

亲子关系是一种相互的关系，其中的行为、情感的交流也应该是双向的，双向的付出使双方都能感受到付出与收获的愉悦。但是大多数家长出于对孩子的爱，无私地为孩子付出，而较少要求孩子为成人付出。很多家长认识不到单向付出带来的问题，当孩子把接受成人的付出当作理所当然，成为习惯时，当孩子出现自私、情感淡漠的问题时，家长甚至无法找到原因。帮助家长认识到亲子关系中的双向付出的重要性，改变家长的亲子关系理念是家园沟通的重要内容。

案例：麦兜妈妈在班级论坛上感慨：“哎，现在为孩子付出这么多，不知道孩子长大后能不能像我们现在对他一样对待我们。今天，我在路上给他买了一根玉米，他吃得好香，我就说：‘给妈妈吃一口吧。’他看着那根玉米，百般不舍。我笑着说：‘哈哈，麦兜吃吧，妈妈逗你玩呢。’但还是很感慨，爱总是从上往下传的……”有的家长说：“没事，孩子还小，长大就知道关心人了。”有的家长说：“现在孩子确实只知道得到，不懂得付出……”

分析：在亲子关系中，成人更愿意为儿童付出、做出牺牲，这是一种正常的社会心理，但这种心理可能会使儿童失去关心、爱护、服务他人的能力和意识，一旦走出家庭，就会遇到重重困难。从上述案例中可以看到，麦兜妈妈所感慨的情况在很多家庭中都存在。因而，在家庭教育中，成人除了为孩子付出外，还要学会引导幼儿感受成人的付出，学习为他人付出。教师可以捕捉这个家园沟通的契机，继续引导家长讨论亲子关系中的双向付出问题。

沟通要点

以关注亲子关系中的双向付出，改善家长对亲子关系的认识为目的的家园沟通，可以着重考虑以下三个方面。

1. 引导家长认识单向付出存在的问题。

教师可以通过典型案例分析、家长会讨论等形式，帮助家长认识到，亲子关系中的单向付出会对幼儿的行为和发展产生的不良后果，让家长认识到爱是要讲策略的。

2. 为家长提供引导幼儿学会关心、爱、分享等行为的策略。

教师可以通过阅读推荐、幼儿园教学观摩、家长交流等形式，为家长提供引导幼儿学会付出的具体策略。

3. 家园合作，建立双向亲子关系。

在幼儿园教育教学中，教师应引导幼儿学会关注他人、关心他人，为他人服务，感受付出后的喜悦。

三、威信与平等

威信就是威望和信誉。威信的一个重要特征就是意志服从。家长的威信表现在孩子爱戴、信赖家长，家长对孩子提出的要求，孩子能自觉自愿地毫不勉强地接受、听从，并能把这种要求转化为实际行动。家长的威信是一种无形的教育力量。平等是指在家庭教育中给予幼儿与成人同等的地位，尊重幼儿的行为和选择。很多家长希望自己与幼儿的关系既是有威信的又是平等的，但又认为二者存在矛盾。引导家长处理威信与平等的关系，建立良好的亲子关系，是家园沟通中的重要内容。

案例： 在这一期的家长学校课程上，园长给了家长两个案例，请家长们来讨论。

哲哲很顽皮，每天和他爸爸打成一片，天天一起打闹，打成了铁哥们，没大没小的，时间长了，爸爸就没有威信了，孩子根本不怕他。

子涵的妈妈则很严肃，做事情有板有眼，对孩子也比较严格，子涵在妈妈面前很乖，很少撒娇。

分析： 在家庭教育中，家长与孩子是平等的关系，但同时，家长在孩子面前也要树立起自己的威信。很多家长认为，要有威信就不能在孩子面前随便，不能跟孩子打成一片。案例中表面上看起来哲哲的爸爸是因为跟孩子打成一片而导致在孩子面前没有威信，子涵的妈妈则是因为严肃而在孩子面前树立起了威信。但事实上，家庭教育中的威信与平等之间并不是矛盾的关系，真正的威信是建立在与孩子平等交往、关心爱护孩子、以身作则的基础上的。因而，没有必要为了威信而过于严肃，与孩子保持距离，使亲子之间失去在宽松平等的氛围中交往的机会。但在平等的同时，家长要保持原则、以身作则，这样就不会缺少威信。案例中的园长能够在家园沟通中关注到这个问题，并引导家长来讨论，是值得肯定的。

沟通要点

以帮助家长理解威信与平等之间的关系为目的的家园沟通，可以着重考虑以下三个方面。

1. 了解家长在家庭教育中处理威信与平等之间的关系时存在的困惑。

教师可以通过家长问卷调查、个别交流、班级论坛讨论等方式充分了解家长在此类问题上存在的困惑，并将其整理归类，为继续讨论做准备。

2. 针对家长的问题深入讨论。

教师可以通过家长会、幼儿园网站等途径，结合案例深入讨论在家庭教育中如何在与幼儿平等交流的基础上树立家长的威信。

3. 引导家长继续思考此类问题。

教师可以通过专家报告、阅读推荐等方式鼓励家长继续思考亲子关系的实质，继续探讨何种类型的亲子关系最有利于幼儿的发展。

任务三　家庭文化

家庭文化是家庭成员通过学习与生活活动所创造和形成的精神财富、文化氛围以及承载这些精神财富、文化氛围的活动形式和物质形态。[①] 家庭文化既是家庭物质活动成果的精神凝结，又是家庭不断由低级向高级发展的动力；既是个人生存的文化环境，又是作用于人的动态过程。家庭成年成员特别是家长的作用是举足轻重的，他们支配着家庭的经济，在家庭教育中大多数时候扮演着施教者的角色，在孩子未来到这个世界时，他们已为家庭奠定了文化的基调，他们的价值观和文化素养是家庭文化中的主流文化，也是孩子从降生时的纯生物人成长为社会人的最重要的文化环境因素。创造什么样的家庭文化对幼儿的成长会产生深远的作用？家长应持有什么样的家庭价值观才能为幼儿的未来发展奠定良好的基础？引导家长树立正确的家庭文化观是家园沟通工作的一个重要方面。本节将从文化素养、审美情趣、爱、幸福四个方面展开论述。

一、文化素养

家长的文化素养是家庭教育的一个重要影响因素，包括思想道德修养、科学文化素养、艺术修养、教育科学知识修养等方面。文化素养作为家庭文化的基本底色，对孩子的道德水平、行为习惯、人格养成会产生潜移默化的影响。家长的文化素养受到其受教育程度和家庭文化背景、社会生活环境等因素的影响。当前，随着家长受教育水平的普遍提高，家长的文化素养不断得到提升，但是现实生活中还存在着一些问题，如有些家长重智轻德，不重视孩子思想道德水平的提高；有些家长认为教育是学校的事，不以身作则；等等。利用幼儿园与家长的密切联系，在家园沟通中提高家长的文化素养，是体现幼儿园社会服务功能的重要途径。

案例：明明的妈妈记录了明明的几个趣事：明明的爸爸有时会把“靠”这个字当口头禅。某天，明明在爸爸的车里看到一个装过礼物的盒子，就一层一层打开，结果

---

① 鲁洁．教育社会学［M］．北京：人民教育出版社，1990.

里面是空的，他就说："靠。"某次，明明在玩一个氢气球，没抓住，飞到屋顶了，他又说："靠。"妈妈给他买了一个电动小狗，他给小狗起了个名字叫"哈哈"，后来又改成"靠靠"了。

分析：语言是家长与幼儿沟通最主要的途径，也是最容易对幼儿产生潜移默化的影响的形式。语言修养是家长文化素养的一个基本表现，语言表达的文明程度、清晰程度，词汇使用的复杂程度等都会对幼儿的道德水平、思维发展、语言表达能力等方面产生影响。案例中明明的爸爸在日常生活中经常使用不文明词语"靠"，而明明在没有判断能力的情况下，受其影响把"靠"也作为一个新鲜的词汇，不断应用。可以看出，幼儿是欠缺价值判断能力的，是被动地接受周围环境影响的，因而，在家园沟通中，帮助家长提高其基本的文化素养，是创建学习型社会的需求。

沟通要点

在家园沟通中提高家长的文化素养，可以着重考虑以下三个方面。

1. 创设注重文化素养的家园环境。

文化素养是在环境中潜移默化地提高的。创设文明、和谐、向上的家园环境，让家长感受良好文化氛围对其自身和幼儿成长的益处是提高家长文化素养的基本途径。

2. 通过对幼儿行为的影响，间接影响家长的行为。

家长是成人，在文化素养方面对家长直接提出要求或批评是不符合人的心理规律的。因此，通过在幼儿园对幼儿行为的影响，间接地影响家长，可以取得更好的效果。

3. 为家长提供提高自身文化素养的多种途径和建议。

如推荐好的书籍、表扬和肯定家长为幼儿园作出的积极贡献、为家长提供交流的机会等，让家长与幼儿共同成长。

二、审美情趣

美可以启迪人的心灵，陶冶人的情操。审美教育简称美育，是培养幼儿认识美、爱好美和创造美的能力教育。家庭是审美教育的摇篮，是幼儿社会化的最初场所。苏霍姆林斯基说过："儿童时代错过了的东西，到了少年时期就无法弥补，到了成年时期就更加无望了。"可见，家庭审美教育是一件"百年树人"的大事，具有重要意义。越来越多的家长认识到了对幼儿进行审美教育的重要性，但如何对幼儿进行审美教育，生活中哪些环节蕴含着审美教育的契机，是很多家长感到困惑的地方。充分利用家园沟通的机会，提高家长的审美意识和审美教育能力是幼儿园家长工作的一项重要内容。

案例： 大四班的刘老师在班级论坛中发表了一篇题为《家长应该如何培养孩子的特长和审美兴趣?》的文章。

如果说玩是孩子的天性，大概没人会怀疑。那么，怎么玩？玩什么？很多人未必有清楚的认识。天津市社科院副研究员王小波指出，玩的内容不好、方法不对，会使得孩子本可以从玩中开发的智慧和能力被白白地浪费。在如何玩、玩什么的问题上，家长目前普遍存在两种误区。

误区一：为学而玩、玩变成学。父母总希望孩子的业余时间不被浪费，希望通过培训掌握一项功课以外的技能，于是不少父母为孩子报了各种培训班。这些活动如果不要求必须达到什么目标，仅仅是学习、了解一下，就都具有休闲的性质；如果父母并不是想将这些特长培训成为孩子今后从事的专业，或者作为长大以后谋生的手段，也就没有必要制定目标。如果真是这样，那么兴趣班就是培养孩子业余爱好、增长知识、陶冶情操、调节情绪的好地方，不仅可以丰富孩子的业余生活，还可以提高休闲质量。

但是，在特长班、兴趣班的教学中大多强调技能训练而忽视对孩子审美情趣的培养，加上考试、考级更使得业余休闲染上了浓重的学习色彩，不仅没有增加孩子的休闲乐趣，反而变成了孩子休闲的杀手，于是兴趣班变得索然无味，许多孩子“学”了两天就不爱“学”了。

误区二：…………

分析： 首先，家庭中的审美教育需要家长自身具有发现美、表达美、创造美的意识和心态；其次，家长能够引导幼儿关注不同类型的美，如形式美、自然美、社会美、艺术美等，让幼儿具有发现美和表达美的愿望；最后，家长能够分辨和理解美的内在本质，帮助幼儿超脱美的形式，去感受美的实质。案例中，刘老师针对兴趣班对孩子审美情趣培养的忽视，寻找资料，为家长提供了如何正确看待兴趣班，如何为孩子审美能力的长远发展打好基础的建议，对于家长审美意识的提高具有一定的价值，也表现出了刘老师善于捕捉家园沟通契机的良好意识。

沟通要点

以提高家长的审美情趣和审美教育能力为目的的家园沟通，可以从以下三个方面着手。

1. 通过多种途径引导家长关注幼儿的审美教育。

鉴于很多家长缺乏对幼儿进行审美教育的意识，教师可以通过幼儿园教学活动观摩、典型案例分析、阅读推荐等途径，引导家长认识审美教育的价值，关注幼儿的审美教育。

2. 为家长提供在家庭中对幼儿进行审美教育的具体策略。

教师可以通过专家报告、家长会、班级论坛等方式，引导家长在家中创设美的物质环境和精神环境，逐渐具备发现美的眼睛和创造美的能力。

3. 家园合作鼓励家长积极对幼儿进行审美教育。

教师可以通过幼儿园课程向家庭延伸，不断鼓励家长提升自己的审美素养，对家长在幼儿审美教育方面表现出的创造性给予鼓励。

三、爱

爱是个体发展的起点，也是连接人与人之间的纽带。爱是一种既有原始性，又是在基本情绪社会化中多种情绪结合而成的复合情绪。它包含着社会的、生理的、认知的和多种情绪的复合因素，并涉及个人之间以及个人与社会之间关系的复杂感情。[①] 家庭是个体有关爱的情感发展最重要的场所，因而，为幼儿营造温馨的、充满爱与包容而又不失原则的家庭文化氛围是幼儿人格健全、心理健康、能够面对未来挫折的重要前提。每个家庭都是因为爱才组建起来的，但并不是所有家长都能经营好爱，如有些家长溺爱孩子、有些家长对孩子过于苛刻、有些家长爱孩子但羞于表达、有些家长处理不好夫妻之间或婆媳之间的关系等。如何营造充满爱的家庭文化氛围，如何让孩子在适宜的爱中健康成长，是家园沟通中需要关注的内容。

案例：大三班的夏老师在班级论坛中发了一个帖子。

不知是在某一天、某一时、某一刻，我们班多了这样的声音：

“谢谢夏老师！”

“夏老师，我爱你！”

“夏老师，您辛苦了！”

这样的话语听在耳里喜在心间，多么温馨的话语，多么真挚的情感表达。

① 孟昭兰．情绪心理学［M］．北京：北京大学出版社，2005.

孩子在向老师表达他们的喜爱，他们是直接的，是不掩饰的，所以他们的爱传播了出来。

我们心中也有爱，可是我们表达爱的方式是含蓄的，是埋在心中的，就像爸爸对孩子那深沉的爱，到了很久很久以后才让孩子感受到爸爸的这份爱，然而此时的爱，太迟了。

在这方面孩子是我们的老师，他们在教我们——爱需要表达，爱需要及时表达。

向家人、向朋友、向同事、向孩子，表达出我们对他们的爱、对他们的关心，让爱传播。

分析：爱是每一个家长对孩子最深切的感情，家长在一日生活中为孩子做的点点滴滴，甚至对孩子的要求、批评、苛责都饱含着爱，但并不是每一次孩子都能够感受到这些爱。幼儿的思维更倾向于形象和直接，因而情感的表达与交流在幼儿阶段显得尤为重要。在家庭中，创设一种处处都能让孩子感受到爱的环境是必要的，让孩子由亲子之间的爱逐渐扩大到家人之间，再到朋友、陌生人，直到整个社会。案例中的夏老师巧妙地运用散文的形式表达了对孩子们表达爱的感谢，同时也呼吁家长们学习表达爱，将艺术化的形式运用在有关爱的家园沟通中是非常恰切的。

沟通要点

以帮助家长营造充满爱的家庭文化氛围为目的的家园沟通，可以从以下三个方面着手。

1. 让家长充分感受和认识到爱在家庭氛围中的重要性。

教师可以通过分析典型案例、参与幼儿园课程等方式，引导家长注重对家庭情感氛围的营造。

2. 通过潜移默化和艺术化的方式，帮助家长营造充满爱的家庭氛围。

个体情感的交流和改变除了通过认知的方式，更要通过感性的方式，如在幼儿园请小朋友为爸爸妈妈制作礼物、鼓励小朋友帮助爸爸妈妈做事等。

3. 关注特殊家庭的爱的氛围营造。

教师不能排斥特殊家庭，如单亲家庭、经济困难家庭等，而是要尽可能为其提供有益的情感支持，使这类家庭融入主流情感氛围中。

四、幸福

家庭教育的过程，就是家长和孩子共同生活的过程，这一过程中的幸福是人生的终极目标。有研究表明，成人的幸福感源自童年期，而早期经验对儿童获得幸福感至关重要。幸福的孩子都具有相同的基本特性，包括自信、乐观等，一旦掌握了好的方法，孩子的这种特性就很容易被发掘出来。而家长的任务就是要引导他们找寻自己的幸福密码，走向快乐幸福的人生道路。但是在现实生活中，很多家长并不能真正理解幸福的含义，要么执着于让孩子多学知识，优于他人；要么对孩子些许不如意的表现倍感焦虑；要么将自己的人生梦想寄托在孩子身上，给孩子过度的压力。这些都表现出家长缺乏合理适宜的幸福观。在家园沟通中帮助家长树立适宜的幸福观，以幸福为目标来教育孩子是至关重要的。

案例：中五班的刘老师在本班的家园联系栏中贴出本周五的家长会预告。

各位家长，本周五我们又要开家长会喽，这次我们的话题是：幸福是什么？

请各位家长思考以下两个问题：

1. 您觉得幸福是什么？

2. 您觉得什么样的教育会让孩子更幸福？

欢迎大家参与！到时我们会请宋园长来跟我们一起讨论！

分析：幼儿眼中的幸福是单纯而具体的。对幼儿来说，幸福“就是和爸爸妈妈在一起”“是开心”“是得到一个早就想要的玩具”“是有好吃的好玩的”“是快乐”“是跟爸爸妈妈拉拉手”“是与妈妈一起坐在阳台上读一本有趣的童话书”。当前家庭中的幸福教育存在着注重未来忽视现在、注重物质生活忽视精神感受、注重灌输忽略对主体性的培养等问题。因而，家长在家庭幸福教育中要关注幼儿的当下生活和精神感受，关怀幼儿的个体生命，培养幼儿的幸福品质。案例中的刘老师将幸福的话题拿到家长会上来讨论，关注到了家长的幸福观以及幼儿的幸福教育，这是一个家园沟通的好话题。

沟通要点

以改善家长的幸福观，提高家长的幸福教育能力为目的的家园沟通工作，可以着重考虑以下三个方面。

1. 引发家长思考幸福问题。

教师可以通过多种途径，如问卷调查、社会热点问题讨论等方式，引发家长思考自身及幼儿的幸福问题。

2. 帮助家长树立适宜的幸福观和幸福教育理念。

教师可以通过阅读推荐、专家讲座、班级论坛讨论等方式，帮助家长树立多元化、具有个体差异性的幸福观及幸福教育理念。

3. 在幼儿园开展幸福教育，家园合作共同提升家长及幼儿的幸福感。

教师可以在幼儿园开展多种形式的幸福教育，并延伸到家庭中，邀请家长参与课程，共同探讨幸福问题。

复习与思考

1. 请论述你关于知识与能力在儿童发展中的关系的认识。
2. 引导家长树立正确的家庭文化观，可以从哪些方面考虑？
3. 如果你是一名园长，你将会如何提升家长有关亲子关系的认识？

项目八

策略方法

学习目标

通过对本项目的学习，了解家庭教育中的具体方法；能够捕捉改善家长教育方法家园沟通的契机；能适当运用合理的沟通策略和资源改善家长的教育策略与方法。

知识储备

本项目主要论述以改善家长的家庭教育方式方法为目的的家园沟通工作。主要包括环境创设、评价引导和家庭关系三个方面，具体分析了这三个方面家庭教育的内涵以及家长在这些方面的教育方式方法的表现、问题及误区，并结合案例分析了幼儿园或幼儿教师在家园沟通工作中应如何改善家长的教育策略与方法。

思政目标

爱国守法，明礼诚信，诚实正直，爱岗敬业。

任务一　环境创设

家庭教育环境是家长与幼儿共同生活，对幼儿实施教育、施加影响的具体场合，包括精神环境和物质环境。精神环境是指家庭成员之间的关系、思想品德、行为规范、兴趣、爱好等；物质环境是指除人之外的物质条件及其组织和安排，如书本、电视、家庭陈设的布置、家庭环境美化等。家庭教育环境对幼儿的个性和心理发展有着重要的影响。创设健康向上的家庭教育环境，提升家庭教育水平，已成为摆在我们面前的迫切话题。在家园沟通中为家长提供教育方式和方法方面的帮助，创设良好的家庭教育环境是提升幼儿家庭教育的重要途径。本节从阅读、玩具、游戏、情商培养四个方面展开论述。

环境创设

一、阅读

早期阅读是指在学前阶段，通过大量的图文并茂的读物，帮助幼儿从口头语言向书面语言过渡，对幼儿的思维、语言、想象、个性、习惯等方面进行综合培养。其主要目的是培养儿童对书面语言的兴趣和对汉字的敏感性，丰富儿童的前阅读经验和前书写经验。早期阅读在孩子一生的发展中起着重要作用。幼儿教育的早期阶段主要是在家庭中进行的。家庭阅读环境直接影响着孩子的阅读兴趣和学习能力，因此，创设良好的家庭阅读环境非常重要。当前幼儿的家庭早期阅读环境创设还存在着一些问题，如不能为幼儿选择适宜的图书、不重视培养幼儿自主阅读的技巧、把幼儿看作单向的聆听者和受教育者；等等。利用幼儿园的已有资源，为家长提供创设阅读环境的方法和策略，是家园沟通的一项重要内容。

案例：玲玲老师在班里建立了班级小小图书馆，鼓励幼儿将自己喜欢的图书带来，并在班里开展了邀请家长参加的阅读沙龙活动。玲玲老师通过观察了解了幼儿的阅读习惯、兴趣以及家长在家庭阅读教育中的相关问题。随后，玲玲老师专门组织了一次家长会来讨论如何在家中指导幼儿进行阅读，很多家长觉得受益良多。

分析： 如今很多家庭都为孩子购买了丰富的图书，但是很多家长还缺乏对如何选择图书、如何指导孩子读书、如何引导幼儿建立良好的阅读习惯这些问题的认识。玲玲老师利用班级小小图书馆组织家长参与幼儿的阅读活动，一方面增加了亲子之间沟通的机会，另一方面有机会了解家长在幼儿阅读环境创设方面的能力与方法，发现其问题与不足。更为可贵的是，玲玲老师将这种家园沟通系统化，在后续的家长会中组织家长讨论幼儿的阅读问题，使家园沟通工作更为深入。

沟通要点

帮助家长为幼儿创设适宜的阅读环境，可以从以下三个方面着手。

1. 了解当前家长在创设家庭阅读环境中存在的问题与困惑。

教师可以通过家长问卷、个别交流、家访等形式了解家庭阅读环境创设的现状。

2. 帮助家长深入理解早期阅读的内涵与价值。

教师可以通过阅读书目推荐、个案分析、专家报告等方式，帮助家长深入理解早期阅读的实质与价值，在尊重幼儿发展规律及学习兴趣的基础上，为幼儿创设积极、互动、丰富的阅读环境。

3. 与家长探讨创设家庭阅读环境的策略与方法。

教师可以通过个别交流、幼儿园教学观摩等方式，在充分尊重家长的认识与思考的基础上，与家长探讨创设良好阅读环境的策略与方法。

二、玩具

玩具是幼儿成长过程中不可或缺的重要伙伴，是幼儿最亲密的伙伴之一，不但可以提供娱乐、开发智力、辅助教学，还可以提高幼儿的心理健康水平。在幼儿期，家庭作为幼儿最早的生活和教育场所，是幼儿的主要生活环境。因此，家长关于幼儿玩具的选择和使用的认识，对幼儿的成长与发展具有重要的意义。但不少家长在幼儿玩具的选择和使用上还存在着一些误区，如有些家长缺乏对玩具的正确认识，忽视玩具的价值；有些家长选择玩具时从玩具的色彩、价格等因素考虑，忽略了其本身的功能；有些家长缺乏引导孩子使用和管理自己玩具的意识。怎么样让孩子有玩具玩、玩好玩具是家园沟通中需要关注的问题。

案例：有位家长在班级QQ群里说："前几天，我在电视里看了一个讲座，有个专家特别强调玩对孩子的重要性，要求给孩子准备各种玩具。其实，我们家也有不少玩具，但是我们给孩子买玩具时考虑得很少，孩子喜欢、价位合适就行。大家说说，给孩子挑选玩具应该注意什么？"很多家长对此也很感兴趣，于是张老师就有了个想法。她在班里，把各类玩具都摆放出来，让小朋友自己选，然后用录像机记录了下来。开家长会的时候，张老师把同样的玩具拿出来，让家长选，再播放孩子选玩具的录像，让家长比较自己与孩子选择玩具的差异，同时组织家长讨论什么样的玩具对孩子是最有意义的。

分析：家庭中玩具的选择和使用受到孩子自身智力、年龄、个性等因素的影响，也受到家长的经济收入状况、家长受教育程度和教育观念的影响。有关幼儿玩具的选择和使用要考虑以下几个方面：选购的玩具要适合幼儿的年龄特点、玩具数量要适量、要考虑幼儿的兴趣与性格、安全问题、让幼儿学会管理自己的玩具等。案例中的张老师结合家长在QQ群里的讨论，将其延伸到班级的活动中，让家长比较自己与孩子选择玩具的差异，是一个很好的家园沟通过程。

沟通要点

以丰富家长的玩具购买和使用的方法，创设良好的家庭玩具环境为目的的家园沟通，可以着重考虑以下四个方面。

1. 抓住契机，引导家长关注幼儿玩具问题。

教师可以通过个别家长的问题、有关玩具的特殊事件等契机，引导家长认识到玩具问题不是个小问题，并不是多买玩具就一定对幼儿最有帮助。

2. 家园合作，为家长提供帮助幼儿选择和使用玩具的具体方法和策略。

教师可以通过邀请家长参与幼儿园区角活动、召开家长会、推荐阅读书目等方式丰富家长关于选择和使用玩具的方法和策略。

3. 创造机会鼓励家长之间对玩具问题进行交流，如共同参加玩具展、周末共同出游等。

4. 鼓励家长引导幼儿创造和使用天然玩具、生活物品，让幼儿在自然、真实的环境里度过童年。

三、游戏

游戏是幼儿的天性，是孩子的第二生命。我国幼儿教育家陈鹤琴提出"小孩子生来是好动的，以游戏为生命”“儿童既然喜欢游戏，我们就可以利用游戏来支配他的动作，来培养幼儿的习惯”。游戏的内容、形式丰富多彩、灵活多变，又能引人入胜。幼儿通过游戏可以增强体质，发展智力，提高语言水平，形成良好的个性品质，提高想象力和思维能力。同时，游戏还可以激发幼儿对学习的兴趣。因此，游戏应该成为幼儿家庭教育中的主要形式。家长在家庭中如何指导、参与幼儿的游戏？如何让游戏真正成为解放幼儿的天性、发展幼儿创造力的活动？指导家长创设适宜的家庭游戏环境和获得丰富的家庭游戏方法是家园沟通的重要内容。

案例：在一次教学活动中，老师让小朋友讲述自己周末跟家里的人都玩了什么游戏，小朋友们讲了很多，东东说：“妈妈让我看动画片，她要干活，她不跟我玩。”土豆说：“我爸爸说，跟小孩玩是妈妈的事。”

分析：在家庭中，游戏是幼儿活动的主要方式，但游戏并不仅仅是幼儿个人的事情，家长在幼儿游戏环境的创设和参与上也扮演着重要的角色。家长可以通过为孩子营造游戏的氛围、为孩子的游戏提供材料、做孩子的玩伴、做游戏的策划者等方式指导和参与幼儿的游戏。家长对幼儿游戏的参与不仅仅是亲子沟通的重要机会，也是了解幼儿、促进幼儿发展的良好契机。案例中东东的妈妈把孩子交给了动画片，而土豆的爸爸则认为跟小孩玩是妈妈的事，这都是家长在家庭游戏方面存在的问题。如果教师能够捕捉这些信息，引发家长进一步思考，系统地提高家长对幼儿游戏的认识和指导能力，将是非常有价值的。

沟通要点

丰富家长指导幼儿游戏的策略与方法，可以从以下三个方面着手。

1. 让家长充分认识到游戏对幼儿的价值。

教师可以通过阅读推荐、专家报告等方式，使家长认识到家庭游戏虽然自由随意，却对幼儿的发展有着不可估量的价值。

2. 为家长提供指导幼儿进行家庭游戏的策略。

教师可以通过个别交流、家访、幼儿园游戏观摩等形式，丰富家长为幼儿创设良好的游戏环境、与幼儿进行游戏的策略与方法。

3. 鼓励家长创造家庭游戏。

在家园沟通的过程中，教师应不拘泥于形式，允许家长创造家庭游戏。

四、情商培养

情商又称情绪智商、情绪智慧或情绪智力，是指一个人感受、理解、控制、运用和表达自己及他人情感的能力，包括认识自身情绪的能力、人际关系的管理能力、自我激励的能力、认知他人情绪的能力、妥善管理情绪的能力。学前阶段是儿童情商发展的奠基时期。家庭中的情商教育有助于学前儿童情商的健康发展，家长应通过情商教育提高孩子的社会交往能力和情绪管理能力，使孩子形成乐观、豁达的心态，积极向上的性格和健康的人格。然而，并不是所有家长都能够认识到情商对幼儿的发展和人生幸福的意义，在家园沟通中引导家长关注幼儿的情商培养，是幼儿园家长教育的一个重要方面。

案例：在班里，刘老师发现有几个孩子有些不同：小米很敏感，老师说话语气重一点就要哭了；龙龙是个男孩，但是很害羞，做什么都怯怯的；佳佳是个女孩，但是却非常野蛮好动，动不动就把小男孩弄哭了。这些虽然都不算什么大问题，但又不得不引起刘老师的注意……

分析：当前很多家长面对孩子羞怯，内向，自卑，遇事退缩，不敢展示自我，不善沟通、表达，或者霸道任性，自制力差，以自我为中心，不懂得包容、人际关系处理，易与他人产生矛盾冲突等问题都感到棘手。这些问题如果不能及时得到重视，将可能使孩子出现合作观念差，缺乏团队精神；心理素质差，压力承受水平低；社会交往能力差，缺乏人际适应能力；自我管理能力差，缺乏独立能力；遵守规范观念差，做事缺乏责任感等问题，严重影响孩子的健康成长。案例中的几个孩子表现出了在情绪控制和管理方面的一些问题，引起了教师的注意，针对这类问题，开展家园沟通工作，家园合作解决问题，是一种很好的思路。

沟通要点

帮助家长创设良好的情商培养环境，可以从以下三个方面着手。

1. 帮助家长认识情商培养的重要性。

教师可以通过阅读推荐、个别交流等方式，充分调动家长关注幼儿情商培养问题。

2. 引导家长理解情商与智商之间的关系。

教师可以通过典型案例分析、阅读推荐、专家讲座等方式，帮助家长理解情商与智商之间的关系，以及情商的本质。

3. 针对不同的幼儿提供有针对性的情商培养策略与方法。

由于气质、性格、家庭环境等存在差异，不同的幼儿在情商发展方面的需求和问题是不同的，教师可以通过个别交流、资源共享等方式，为不同的家长提供不同的建议。

任务二　评价引导

在家庭教育中，家长对幼儿的评价与引导是影响幼儿行为的重要力量。如何科学地评价幼儿、适宜地引导幼儿，是家长在家庭教育中经常要面对的问题。家长对幼儿的评价与引导是幼儿活动的依据、探索的动力、成长的灯塔。但是很多家长对此类问题的认识还处于无意识的状态或存在着误区，比如如何评价幼儿？成人的行为传递给幼儿的信息是什么？如何引导而不是强迫幼儿？家园沟通中，提高家长的教育能力，丰富家长的教育策略与方法，使其科学地评价与引导幼儿是幼儿园家长工作的一项重要内容。本节主要从以身作则、符合童心、适度期望、听话四个方面展开论述。

一、以身作则

身教大于言传，以身作则是家庭教育中的一个基本原则，家长只有身体力行才能为孩子树立好的榜样，对孩子的引导才能真正起到作用。幼儿具有好模仿的心理特点，因而在幼儿阶段，家长的以身作则就显得更为重要了。然而，很多家长并不能完全做到以身作则，如告诉孩子不要挑食，自己却挑食；让孩子诚实，自己却不够诚信；让孩子大方表达，自己却羞于启齿；等等。在家园沟通中引导家长以身作则为孩子树立榜样，为家长提供身体力行的方法和策略是非常有意义的。

案例：在安排亲子活动的主持人时，教师发现除了琢雅妈妈，其他家长都主持过活动，可是她并不愿意主持。于是教师说："您每天都说自己的女儿内向、不敢在众人面前讲话，您可以带着女儿一起主持，您讲一句台词，让女儿讲一句，这不正是锻炼女儿的好机会吗?”琢雅妈妈认为教师讲得很有道理，于是接受了任务。活动中，她看到女儿自豪和兴奋的样子很高兴。活动后，她主动跟老师说:“谢谢老师，让我和女儿一起主持，让女儿得到了锻炼。”

分析：以身作则的原则家长都懂，但是在具体的情况和问题面前，家长往往有很多理由拒绝身体力行，拒绝为幼儿做出榜样。事实上，践行以身作则一方面体现了家长对孩子成长的重视程度，另一方面促使成人不断挑战自己。在以上案例中，在教师的鼓励下，琢雅妈妈带着女儿一起上台主持，其实也是家长成长的过程。因而，在家园沟通中，教师、家长和幼儿形成了发展共同体。

沟通要点

帮助家长在家庭教育中践行以身作则的原则，可以从以下几个方面着手。

1. 用事实引起家长对以身作则的充分认识。

鉴于很多家长认为教育孩子是教师的事，教师可以采用典型案例分析、个别交流等方式帮助家长认识到父母的行为对孩子的影响。

2. 家园合作，引导家长以身作则。

教师可以通过幼儿园与家庭之间的互动、家长之间的交流，促使家长身体力行来引导孩子。

二、符合童心

幼儿探索周围世界的方式与成人是不同的，幼儿更多使用好奇的、感性的、无目的的方式来探索周围的世界。在家庭教育中，很多家长能够认识到对幼儿的引导的重要性，但往往缺乏引导幼儿的具体方法与策略，不能够遵循幼儿的身心特点来引导幼儿。在家园沟通中，利用教师所拥有的专业资源，帮助家长认识幼儿的身心特点，捕捉幼儿学习与认知的规律，从而更好地引导幼儿，是幼儿园家长工作的一项内容。

案例：宝儿爸爸跟教师交流的时候反映宝儿不听他的话。他说:“你们幼儿园环境很好，我经常想带他看看周围的花啊、叶子啊，但他就是不听我的，叫他看他也不肯看。”教师表扬了宝儿爸爸这种引导孩子观察周围环境的意识，接着又问他是怎么样带孩子看环境的。爸爸说:“我就说:‘看，那边花开了！’”教师说:“哦，您是这样做的啊，那您知道我们是怎么带他看的吗？我们会以自己的情感去带动孩子，引导他主动去关注周围的事物，而不是要求他看。比如说：‘哇，这朵花好漂亮啊！谁发现了它是什么颜色的？谁知道它上面像小虫子一样的东西是什么呀？……’并通过自己的表情、语气、声音和肢体语言来吸引孩子去观察花。”宝儿爸爸听了以后说：“原来带孩子看花也有这么大的学问……”

分析：对幼儿观察意识和能力的培养是家庭教育中的一项重要内容，但是很多家长无法把握幼儿观察的规律与兴趣，往往无法取得良好的效果。案例中的宝儿爸爸就遇到了这样的问题，并求助于教师，教师并没有采用说教的方式给予回答，而是采用了现身说法的方式，把自己会怎么做告诉家长，这种沟通方式具体而有针对性，还保护了家长的自尊心。

沟通要点

以丰富家长引导幼儿的方法与策略为目的的家园沟通，可以着重考虑以下三个方面。

1. 帮助家长认识引导幼儿的目的。

教师可以通过阅读推荐、专家讲座、家长会交流等方式，帮助家长认识到引导幼儿并不是让幼儿服从成人，而是为幼儿提供支持和帮助，因而要尊重幼儿的兴趣爱好和选择。

2. 引导家长了解幼儿的认知方式。

教师可以通过案例分析、幼儿园教学观摩、阅读推荐等方式，让家长了解幼儿学习、观察、思考的方式和特点。

3. 为家长提供具体的、有针对性的引导幼儿的方法与策略。

教师可以通过班级论坛、家园联系栏等途径，为家长提供有针对性的引导幼儿的方法。

三、适度期望

每个家长对自己的孩子都有期望，家长对幼儿的期望反映了家长的价值观，并构成了家庭教育功能的核心，伴随和渗透在儿童的整个成长过程中。从另一个角度来讲，家长的期望也是指向幼儿的一个庞大的评价体系，当幼儿的行为符合家长的期望时，幼儿就会得到认可；当幼儿的行为没有达到家长的期望时，幼儿就会感受到压力和不适。如何帮助家长在尊重幼儿的需要的基础上提出适度的期望，如何为幼儿创设轻松而又向上的家庭环境是家园沟通中需要关注的问题。

案例： 辰辰给人的印象是不合群。刚入园时，她既不和小伙伴一起玩，也不愿意参加集体活动。经过一段时间的观察，教师发现辰辰敏感而缺乏自信，对自己和他人有着较高的要求。针对辰辰的表现，教师一直在寻找机会与辰辰家长进行沟通。教师在一次跟辰辰爸爸的沟通中教师发现，辰辰的父母对辰辰的期望过高，在日常生活中不轻易表扬孩子，对孩子干涉过多。久而久之，导致辰辰对任何活动都不愿意轻易尝试，也容易变得越来越不自信，不愿与他人分享和交流。

分析： 心理学中有一种有关期望的效应叫作皮格马利翁效应，是指热切的期望与赞美能够产生奇迹：期望者通过一种强烈的心理暗示，使被期望者的行为达到他的预期要求。现实生活中“望子成龙、望女成凤”是所有家长的期望，但往往这种美好的愿望使很多家长对幼儿的期望超出了其心理和年龄特征，在生活中形成了很多不适宜的教育方式与方法，违背了皮格马利翁效应的规律。例如，对孩子的要求过于苛刻，约束太多，吝惜对孩子的表扬和鼓励，缺乏与孩子温和亲切的情感沟通。这类家长往往对孩子的感情非常深，责任感很强，也很乐于为孩子做出牺牲，唯独缺乏相关的教育理念的支撑，无法认识到自身教育中存在的问题。案例中辰辰的父母就是这一类家长。针对这类家长，教师可以通过家访、邀请家长参与幼儿园活动等方式与其沟通，逐渐调整家长对孩子的期望水平。

沟通要点

以帮助家长对幼儿提出适度期望，丰富合理要求的方法和策略为目的的家园沟通，可以从以下两个方面着手。

1. 帮助家长认识到过高的期望对幼儿造成的负面影响。

教师可以通过阅读推荐、个别交流等方式帮助期望过高的家长认识到过高期望会给幼儿造成不必要的压力，会给幼儿的发展带来负面影响。

2. 针对不同期望水平的家长提供不同的建议。

教师可以为在幼儿某些方面期望过高或过低的家长提供不同的建议。因而，对于这类问题更适宜进行个别交流或分类交流。

四、听话

“听话”“乖”“好”等是家长经常用来评价孩子的语言。这类语言看起来是正面积极的语言，但实际上这类语言中蕴含的是成人的判断标准和评价体系，幼儿所有的行为和表现都被成人的这种表扬进行筛选。很多家长都以孩子听话为荣，而对孩子不听话感到焦虑。“听话”的背后到底折射的是什么？家长在运用这类评价性语言的时候要注意什么？引导家长思考这类问题，探索对幼儿进行评价的适宜方法是家园沟通的重要内容。

案例：一次，阳阳的妈妈在QQ里给陈老师留言：“陈老师，我有个问题想请教您，阳阳奶奶经常跟孩子说‘阳阳真听话’‘听话的乖宝’之类的话，阳阳有时想画画，奶奶说：‘听话的乖宝，玩积木去吧。’阳阳就去玩积木了。有时孩子想反抗，奶奶就说：‘不听话了，不是奶奶的乖宝了。’这样可以吗？会不会有什么问题呀？”

分析：“听话”是一个在家长口中出现频率非常高的词汇，一方面，“听话”是幼儿通情达理、合群的一种表现；另一方面，“听话”也是一种成人权威的表现，意味着幼儿对父母的服从，意味着幼儿在亲子关系中的一种被动地位。因而，绝对的听话在一定程度上是对幼儿主体性的抹杀，使幼儿失去了自己做出判断和决策的能力和机会。应该允许孩子做出自己的判断，允许孩子在有些时候说“不”。案例中，阳阳的妈妈提出了这个问题，说明她具有一定的反思能力，而这类问题虽然在家庭教育中不会产生直接明显的问题，但是其背后隐含的问题是影响深远的，值得将其作为话题与更多的家长进行沟通与讨论。

沟通要点

以提高家长对幼儿的评价能力，改善评价的方式方法为目的的家园沟通可以从以下三个方面着手。

1. 引发家长思考家庭教育中对幼儿的日常评价问题。

这类问题较少受到家长的关注，但也有可能由家长提出，教师可以充分利用教育情境中的契机，如个别家长提出问题、个别幼儿的典型表现等来引起更多家长的重视。也可利用沟通平台如网络、家园联系栏等引起家长重视此类问题。

2. 帮助家长理解不同的评价背后的含义。

教师可以通过专家讲座、案例分析与讨论等方式，引发家长思考不同的评价语言与行为背后的含义及其对幼儿发展带来的影响。

3. 为家长提供合理评价幼儿的方法与策略。

教师可以通过个别交流、阅读推荐等方法，为家长提供更有建设性和针对性的评价幼儿的方法与策略。

任务三 家庭关系

家庭关系是指基于婚姻、血缘或法律拟制而形成的一定范围的亲属之间的权利和义务关系。家庭关系可以分为夫妻关系、亲子关系、家庭其他成员之间的关系等类型。家庭关系对幼儿的发展有着重要的影响，家庭主要成员之间的关系会影响到幼儿的行为方式、价值判断、人格养成等方面。在家园沟通的过程中，引导家庭成员之间建立良好的关系，为幼儿的发展营造和谐稳定的氛围是幼儿园家长工作的一项重要内容。由于项目七中已对亲子关系做过讨论，本节主要探讨除亲子关系以外的夫妻关系、亲祖关系、保姆关系和离异家庭关系四个方面。

一、夫妻关系

夫妻关系是家庭关系的核心和基础，夫妻交往的模式、类型，夫妻沟通的风格、方式、习惯等都会对幼儿的心理和行为产生影响。例如，不平等的夫妻关系、夫妻交往中的不良习惯、夫妻产生的矛盾与冲突等都会对幼儿产生负面影响。如何关注夫妻关系对幼儿发展的影响？如何处理夫妻关系中有可能对孩子产生负面影响的细节？如何让孩子在和谐而有安全感的夫妻关系中生活？在家园沟通中关注此类问题，帮助家长建立和谐的夫妻关系是非常有价值的。

案例：中四班的宋老师最近发现丫丫表现有点特别，如果是妈妈来接她，她就很高兴，蹦蹦跳跳的，如果是爸爸来接她，她就闷闷不乐地跟着爸爸走了。宋老师观察了几天，终于在一次丫丫妈妈来接丫丫的时候，跟她讲了这个情况。丫丫妈妈说：“最近家里没什么事啊……”宋老师说：“没事就好，不过可以观察观察孩子的情绪表现。”

过了两天，丫丫妈妈主动来找宋老师："宋老师，您跟我说了以后，我观察了一下孩子，发现丫丫很害怕我们在一起，不让我接她爸爸的电话，有点敌视她爸爸。后来，我才想起前些天，我跟她爸爸闹了点矛盾，她爸爸冲我发火，然后我哭了，当时丫丫也在场，但我们没给孩子解释，没想到会让她留下不好的印象……这可怎么办呢？"

分析：夫妻之间产生矛盾甚至冲突是家庭中常见的事情，成人之间的关系可以通过相互的调整重新恢复。但是对幼儿而言，父母关系的紧张会令他们不安和焦虑，会产生消极的情绪反应。案例中的丫丫就是在看到父母产生冲突之后，担心爸爸伤害妈妈，因而对爸爸产生了不信任感和敌意。宋老师能够敏感地从丫丫的情绪表现中发现问题并与家长沟通，具有良好的家园沟通意识。教师可以根据这类问题出现的范围决定仅仅进行个别沟通还是需要扩大范围进行集体沟通。

沟通要点

以帮助家长获得合理认识与处理夫妻关系的策略与方法，为幼儿创设和谐的家庭环境为目的的家园沟通可以从以下三个方面着手。

1. 引导家长认识夫妻关系对幼儿的影响。

教师可以通过家长现身说法、家长会讨论等方式，唤起家长对夫妻关系对幼儿发展的重新理解。即使整体上和谐的夫妻关系由于夫妻间交往方式、风格的差异，也会对幼儿的性格发展产生影响。

2. 帮助家长获得合理处理夫妻关系的策略与方法。

教师可以通过阅读推荐、幼儿园网站宣传等方式帮助家长获得合理处理对幼儿成长具有积极意义的夫妻关系的方法与技巧，同时强调尊重夫妻关系的个体差异性。

3. 家园合作，为不同的家庭提供有针对性的建议和帮助。

教师可以通过个别交流、幼儿园教学观摩等方式为不同的家庭提供建议和帮助。

二、亲祖关系

这里讨论的亲祖关系是指父辈与祖辈之间的关系，很多时候表现为婆媳关系或上两代人之间的亲子关系。亲祖关系也是家庭中的一种重要关系，亲辈与祖辈之间由于代际差异在生活观念、人生态度、教育理念等方面存在着差异，这种差异的不同表现会影响幼儿与亲代和祖代之间的关系，也会对幼儿的行为和心理产生影响。如何帮助家长建立更和谐的亲祖关系，如何避免幼儿夹在亲祖矛盾的“三明治”中生活是家园沟通中需要关注的问题。

案例： 元元是爷爷奶奶带大的，每天都由爷爷或奶奶接送。元元的动手能力较差，教师专门约元元的妈妈来园交流。

教师：“元元的动手能力需要提高，希望你们在家里让他自己多动手，锻炼他的小肌肉。”

元元妈妈：“我们是跟爷爷奶奶在一起生活的，在家爷爷奶奶什么都帮他做，吃饭也喂，回来有什么动手的作业也帮他做，所以他害怕动手，这个我也很头疼。”

教师：“呵呵，爷爷奶奶跟元元真亲，慢慢来，跟老人沟通，千万不要指责爷爷奶奶……”

分析： 家庭中的亲祖关系有两个层面，第一个层面是亲祖之间在日常生活中的关系，这是亲祖关系的基础，如婆媳之间日常生活和谐。第二个层面是亲祖之间因幼儿的教育而引起的关系。有些家庭亲祖之间的日常生活关系和谐，但是在面对孩子的教育时，可能会产生新的矛盾和问题。从案例中可以看出元元的妈妈对爷爷奶奶在教育孩子的问题上是有怨言的，教师在沟通中能够关注到亲祖关系，以亲祖关系和谐为基础来解决幼儿的问题，处理方式是得当的。

沟通要点

在家园沟通中帮助家长在家庭教育中建立和谐的亲祖关系，可以从以下几个方面着手。

1. 帮助家长认识到和谐的亲祖关系是幼儿成长的必要条件。

教师可以通过阅读推荐、班级论坛讨论等方式，帮助家长尤其是父母认识到亲祖关系不是简单的成人之间的关系，与幼儿的成长有密切关系，亲祖之间的和谐一致和相互理解是幼儿健康成长的保障。

2. 为家长提供促进亲祖关系的建议和策略。

教师可以通过幼儿园网站宣传、幼儿园课程渗透、家长会讨论等方式，为家长提供具体的建立、改善亲祖关系的策略。

3. 教师在日常沟通中促进亲祖关系和谐发展。

教师在日常沟通中应策略性地避免亲祖双方产生矛盾，促进亲祖关系和谐发展。

例如，在一方面前表扬另一方、为另一方的疏忽或问题做出解释等。

三、保姆关系

现代家庭中，有些父母由于工作繁忙等，雇佣保姆来照看孩子。孩子与保姆之间的接触非常频繁，很多时候，保姆承担了对孩子的抚养甚至教育的任务。因而保姆的性格特征、精神面貌、个人修养对幼儿的发展有着重要的影响，而家庭中雇主与保姆之间的关系也影响着幼儿与保姆之间的关系，对幼儿的发展产生间接但重要的影响。在家庭中应该怎样看待家庭成员与保姆之间的关系？如何充分调动保姆参与对幼儿的教育？在家园沟通中，充分考虑保姆对幼儿的影响，为家庭提供处理与保姆之间的关系的建议是有价值的。

案例： 每天保姆来接业业时，他都不愿意回家，而是在外面玩。当保姆要他回家时，他不仅不回去，还打骂保姆。保姆很着急，因为她还负责给业业家做晚饭，就将此情况告诉了老师。老师找业业谈话，并请其他孩子一起讨论："阿姨来接的时候，我们应该怎么做?"让孩子明白并遵守规定，同时也告诉了保姆一些生活中的教育策略。更为重要的是，老师把业业欺负保姆的事告诉了业业的爸爸，让他认识到孩子不尊重保姆、打骂保姆都不利于孩子良好品格的形成。听后业业的爸爸很生气，狠狠批评了业业。由于家庭和幼儿园都重视了对业业品格的培养，渐渐地他对保姆的态度明显改变了。

分析： 保姆与家庭的关系是雇佣关系，与雇主之间不存在血缘关系，但是其在一定程度上承担着养育与教育的职责，因而家庭应该与其建立一种平等、尊重、信任的关系。任何与之相反的关系都能够在家庭关系中体现出来，也容易为幼儿所感知，而发展出一些不良品质。但在现实生活中，保姆在家庭中大多处于一种被动和边缘的状态。在家园沟通中，教师应尊重保姆，并与家庭沟通，家园一起尽可能调动保姆教养孩子的积极性和责任心。案例中的业业对保姆的态度就是受到这种状态的影响，教师能够及时将此问题与班内幼儿讨论并与家长沟通，赢得了家长的支持，取得了较好的效果。

沟通要点

以帮助家庭协调与保姆之间的关系为目的的家园沟通，可以考虑以下三个方面。

1. 引导家长重视与保姆的关系。

教师可以通过实例分析、专家讲座等方式，引导家长认识到保姆也是家庭教育中的重要力量。

2. 与家长共同讨论处理好与保姆之间的关系的策略。

教师可以通过家长会讨论、论坛交流等方式，建立沟通平台，促进家长与教师、家长与家长之间交流如何处理与保姆的关系。

3. 幼儿园充分尊重保姆，做出示范。

幼儿园应该充分考虑保姆的身份与角色，在家园互动、平时接送等场合充分尊重保姆，为家长做出示范。

四、离异家庭关系

离异对父母本身是一种情感上的痛苦，对幼儿也会带来伤害。如何合理面对离异家庭及其幼儿？如何尽可能地降低离异对幼儿造成的伤害？如何引导离异家长为幼儿提供补偿教育？在家园沟通中越来越多地遇到这类问题。

案例：萱萱妈妈是个全职妈妈，自己的全部生活就是女儿。可是，到萱萱大班时，萱萱爸爸与萱萱妈妈离婚。离婚后，萱萱妈妈觉得过去太亏欠自己了，就将女儿完全交给父母，自己去美容、美体、旅游和参加各类培训班，对于孩子不闻不问。如果教师找她说孩子的事情，她就说："跟我妈说吧。"她全身心投入了自己的新生活。

教师通过萱萱了解到这些情况后，给萱萱妈妈打电话，说很长时间没有看到她了，想与她聊聊。交流时教师先肯定她将自己的生活做出调整是好的，然后讲述了她以前是如何关爱孩子的，孩子最近的变化，尤其是在园表现出的种种希望成人关注的行为，如要求老师抱抱，喜欢身体接触，上课注意力不集中；等等，并解释这些都是缺乏爱和安全感造成的。

萱萱妈妈听了教师的介绍后，非常感动，当即表示一定会调整现在的生活，关注孩子，尽量参与幼儿园的活动……

分析：离婚是因为夫妻关系无法延续。在这个过程中，父母双方承受了较大的压力和伤痛，但幼儿由于身心不成熟，以及对父母的依恋，受到的伤害会更大。因而选择离婚的父母要尽可能考虑孩子的生活环境、心理感受等因素。以上案例中，萱萱妈妈由于离婚，受到打击，忽视了孩子，对孩子造成了负面影响，但教师积极与其沟通，取得了较好的效果。

沟通要点

以为离异家庭提供帮助，尽可能减少幼儿受到的伤害为目的的家园沟通，可以重点考虑以下四个方面。

1. 不放弃，尽可能与这类家长保持沟通。

离异家长往往自身情绪情感状态不佳，很多家长不愿意接受教师的建议，甚至拒绝与教师沟通。在家园沟通中，教师不能放弃这类家长，可以通过间接的方式，如通过孩子或其他家人，逐渐与之沟通。

2. 从关心家长自身入手。

由于家长自身处境困难，因而在与这类家长沟通时，教师首先要从关心家长的处境入手，为其调整自己的生活提出建议，然后逐渐转移到对幼儿的关注上来。

3. 引导家长关注幼儿的处境。

教师应通过沟通，帮助家长认识到幼儿受到的伤害，以及在发展中遇到的困难，使其意识到幼儿需要自己的帮助，并提出具体的建议。

4. 家园合作，为家长间接提供帮助。

教师在幼儿园要尽可能关注、适当保护、尽量补偿离异家庭幼儿，并间接引导家长合理关注幼儿。

复习与思考

1. 如何与家长就家庭阅读环境的创设进行沟通？
2. 引导家长合理对幼儿进行评价，可以从哪些方面考虑？
3. 如果你的班里有离异家庭幼儿，你将怎样与其家长沟通从而促进其健康发展？

项目九 幼儿园特殊事件的处理

学习目标

通过对本项目的学习，了解安全事故、幼儿冲突和家长冲突三类幼儿园特殊事件的成因；能运用适当的策略与方法解决此类问题。

知识储备

本项目主要分析了安全事故、幼儿冲突和家长冲突三类幼儿园特殊事件，具体分析了引发这三类事件的原因，并结合案例分析了幼儿园和教师在面对这三类事件时的解决策略与方法。

思政目标

职业理想，个性发展，强基固本，终身学习。

任务一　安全事故

没有人愿意幼儿在教室中或操场上发生安全事故，但是意外总会发生，教师需要对这些意料之外的紧急事件做好准备，也应帮助每个幼儿明白遇到紧急情况时该做什么，这样意外发生时，才能有效应对。在此，依据幼儿园一日常规工作流程，谈谈在发生幼儿园安全事故后，教师应如何与家长沟通。

一、进餐

案例：午餐时间到了，中二班的孩子们来往于卫生间与教室之间，忙于如厕、洗手，准备进餐。当班的老师就在此时离开教室也到卫生间如厕。保育员又赶在这节骨眼上送来了一桶才出锅的汤，她将汤像往常一样放在开饭的餐桌旁，就匆匆地走了。

佳佳和几个孩子洗好手后没有入座，而是走走退退，嬉戏着，一直退到了汤桶边。可怕的事情发生了：佳佳一下子跌进了滚烫的汤桶里。佳佳尖叫起来，班上的孩子乱成一团。老师闻声赶来，惊慌地把佳佳从汤桶里拉出来。园领导和老师立即把佳佳送进了附近的医院，并且通知了佳佳的父母。医院医生诊断，佳佳为深度烫伤，并有可能失去生育能力。

佳佳的父母无法控制自己的情绪，整天到幼儿园哭闹，要幼儿园为佳佳支付巨额医疗费用及赔偿金。幼儿园的员工们个个胆战心惊，无法进入正常工作状态，幼儿园正常教育教学秩序受到严重影响。

分析：在幼儿园常规管理中，幼儿进餐前半小时，教师就应做好餐前准备，包括如厕、洗手等，而保育员则要等汤的温度合适后，才能将其抬到教室。案例中的教师和保育员都违反了幼儿园常规管理规则，教师与幼儿同时如厕，保育员则把滚烫的汤抬到了教室，并且本人离开了，这就导致了悲剧的发生。

沟通要点

1. 强化安全意识，做好安全防护。

幼儿园管理者应高度重视对幼儿生活细节的管理，通过政策学习、知识宣传等，强化教师与保育员的安全意识，提高教师、保育员的生活管理能力，避免危机发生。

2. 加强安全培训。

幼儿园管理者可通过开展幼儿午餐活动观摩、研讨，对教师、保育员进行相关培训，制定出较为科学、规范的午餐活动管理流程。

二、睡觉

案例 1：某日，成成小朋友像往常一样由爸爸送到幼儿园。老师发现成成的脸色有些苍白，便询问成成爸爸孩子是否身体不适，有没有看医生。成成爸爸因急于上班只简短地说了句："有点不舒服，不碍事的！"便急匆匆地离去了。整个上午活动及午餐时，成成都没有异常反应，只是显得比平时乖一些。

中午午睡时，值班老师见成成在不停地蹬被子，便轻声提醒道："成成安静点！"可成成却一点反应也没有，继续蹬着。老师走近发现，成成正口吐白沫，两眼上翻，浑身抽搐，不省人事……老师吓坏了，一边惊慌地呼唤着孩子的名字，一边用拇指掐着孩子的人中。渐渐地，成成总算有了反应，停止了抽搐，睁开双眼疲倦地看着老师。应急处理后，成成被送往医院，诊断为发烧引起的惊厥。

案例 2：2001 年 6 月 4 日 21 时许，隶属于江西广播电视发展中心的艺术幼儿园小六班幼儿就寝时，班主任杨慧珍点燃 3 盘蚊香，分别放置在床铺之间南北向 3 条走道的地板上。22 时 10 分许，杨慧珍上 3 楼教师寝室睡觉，临走时，她告诉当晚值班的保育员吴枝英点了蚊香，要注意。23 时 10 分许，幼儿园保教主任倪惠琛（当晚值班领导）和值班保健医生厥韵韵巡察到小六班时，发现该班点了蚊香。担心蚊香对幼儿呼吸道有影响，倪便要吴枝英将寝室窗户打开，保持空气流通。随后二人离去。23 时 30 分许，吴枝英离开小六班寝室并约有 45 分钟未到寝室巡视。5 日零时 15 分左右，吴枝英在活动室听到寝室内"噼叭"响，随即进入幼儿寝室，发现 16 号床龚骏杰的棉被和 14 号床罗文康床上的枕头起火，随即将龚骏杰抱出寝室，并到小六班外呼救，然后又救出 3 名幼儿。此时，寝室内的烟火已很大。随后赶来的武警中队官兵和幼儿园工作人员赶紧扑救，但仍造成 13 名 3～4 岁的儿童死亡，1 人轻伤。

分析：案例 1 中，成成爸爸由于急着上班，未将成成生病一事告诉老师，而老师虽发现成成精神不振，但也未多加关注，因而就出现了成成睡觉惊厥的一幕。幸而老师处理得当，才没有出现恶劣的结果；案例 2 中，由于教职工工作疏忽，责任心差，在明知蚊香存在危险的情况下，仍在使用，并且在值班时还中途离开 45 分钟，忽视了幼儿的安全，最终导致悲剧发生。在这场悲剧中，也能看出幼儿园管理在应急措施上的不足，保育员第一时间发现了火灾，并及时呼救、报警，但仍造成了 13 死，1 轻伤的惨重结果。这表明该幼儿园缺乏相应的防火安全应急机制，平时对幼儿也缺乏相应的安全教育。

沟通要点

1. 加强家长与教师沟通的意识。

教师应提醒家长，如果幼儿有特殊情况，如身体不适、情绪波动等，要及时与教师沟通，以便教师充分了解幼儿的情况，从而能更好地关注幼儿。

2. 加强教师的角色意识。

幼儿教师要时刻谨记自己是一名幼儿教师，应具有的职业道德要牢记于心。因为幼儿年纪小，自我保护能力弱，自理能力较差，所以幼儿教师在做好教育教学工作时，还要做好保育工作，除了做好“老师”的角色外，还要做好“妈妈”的角色。

3. 加强幼儿园的安全防范意识，建立幼儿园各项安全管理制度，形成安全管理网络。

从案例 2 来看，该幼儿园相应的制度是有的，在幼儿入睡时，配有值班保育员，值班领导和保健医生不定时巡查，但从上到下却没有形成危机意识，所以出现几轮巡视轻描淡写、配班保育员不在岗等现象，致使安全制度形同虚设。因此，幼儿园首先要加强对教职工的安全意识教育，要求全园教职工都签订安全责任书，明确每个岗位的安全责任。幼儿园还应定期组织教职工进行安全知识和技能的培训，包括消防、地震、急救等，使其掌握常用的安全防护基本知识、基本方法和基本技能。同时，幼儿园应加强火源、电源管理，禁止留有明火。

三、活动

（一）受伤

案例 1：一天，园长正在外面开会，教师打来电话说，小波起床后，跑去搬椅子时把自己的额头摔破了。当时，教师正在用语言提醒他不要跑，且周围无人碰。在小波摔倒时，教师连忙奔过去，但已经来不及了。小波是早产儿，动作发展比较慢，在班里年龄最小，平时就喜欢奔跑，所以教师平时特别关注他。事发后，按照园里的规定，班主任和保健医生立即带孩子到儿童医院，找了最好的医生，用美容针进行治疗。班级教师当天就买了营养品去看望孩子，家长当时也表示能够理解，说没有关系。当晚，教师也将看望孩子的情况汇报给了园长。

可是，在第二天早上，小波的外公、外婆、爸爸、妈妈却直接来到园长室要求园长写保证书并注明赔偿金。因为他们全家害怕孩子会留下疤痕，影响孩子今后做电视节目主持人的理想。他们认为，既然是在幼儿园发生的事故，园里就应该负责并给予赔偿。经过沟通，家长接纳了园方的建议，没有坚持自己原先的要求。

案例 2： 某中班的一位老师组织小朋友们进行区角活动。按常规，每 5～6 个小朋友自由结伴组成一组，在教室内外分区活动。但室内、室外分区活动时，教师不能同时兼顾所有的孩子。这天，正当老师在室内照看小朋友们活动时，室外某组的一个小朋友因相互追逐，不小心摔倒在防滑钢板上，大哭起来。老师闻声赶来，并马上报告园长，在保健医生的协同下，将孩子送到医院检查。经医生诊断，该幼儿的右手尺骨、桡骨双骨折。事后，家长要求幼儿园承担全部赔偿责任，理由是虽然孩子摔倒属于意外，但毕竟事情发生在幼儿园内，幼儿园理应承担医药费、营养费并赔偿家长误工费。但幼儿园认为，是孩子自己摔倒的，幼儿园没有责任，因此不同意家长的赔偿要求。于是，家长将此事反映到了当地报社。后来，在有关部门的协调下，家长和园方就此事进行协商并达成了协议：幼儿园同意支付该幼儿医药费、营养费及家长误工费等共计人民币一万多元。

分析： 幼儿在幼儿园摔倒、碰伤的情况时有发生，有的是自身原因，如案例 1 中的小波，由于是早产儿，动作发展比较慢，年龄又最小，却又爱动，所以在起床后搬椅子时，在没有任何外力作用下，把自己的额头摔破了。因教师平时对小波就多加关注，所以处理及时、得当，也得到了家长的理解。但有的孩子受伤却是由于外力造成的，案例 2 中的教师在只有一个人的情况下，安排幼儿室内、室外分区活动，自然难以兼顾所有幼儿，幼儿发生意外也在所难免。

沟通要点

1. 教师在组织教学时要有安全意识，对幼儿活动场地的安全隐患等要有警觉性，不能远离孩子。

在开展室内外活动时，一定要由两位教师或请保育员协助进行。教师应设定活动规则，并教会幼儿遵守活动中基本和必要的活动秩序，帮助他们学习约束和调整自己的行为。这样既可以促进幼儿社会性行为的发展，又可以使活动更有理、有节、有序、有意义。

2. 幼儿园应加强对室内外玩具、场地的管理。

一方面，幼儿园在购买室内外玩具时一定要买正规厂家出产的，安全、卫生的玩具；另一方面，幼儿园要定期对玩具进行消毒、维修，保证幼儿使用的玩具和场地的安全。

3. 当问题出现时，教师应遵循国内事故发生的正确处理流程和原则，并及时、完整地向园长汇报和说明事故发生的经过，园长应帮助其向家长客观叙述事故发生的经过并澄清事实。

4. 在面对家长的责问时，幼儿园要积极做好善后抚慰工作，支付抚恤金和保险金，配合司法机关的调查等。

（二）误食

案例1：秋高气爽的季节，某幼儿园教师经常带孩子到户外散步。孩子们都很喜欢到幼儿园旁边的一个小树林里玩，因为那里的地上有落叶、树枝，还有从树上掉下来的小果子。小朋友们经常在地上找找这个，寻寻那个，有的还把小果子藏到口袋里。教师虽然看到了这些情况，但也未觉得有什么不妥。等到散步回来，教师就让孩子们在幼儿园的草地上休息一会儿。一次休息的时候，教师发现有两个孩子正面对面坐着，嘴里还含着什么东西。过去一看，他们正在把口袋里藏着的一颗果子掏出来放在草地上，而他们的嘴里已经分别含了一颗果子，正津津有味地吸着呢。教师赶忙制止了他们，并挨个检查了一遍。后来，教师再也不敢带孩子到那片树林里散步了。

案例2：某幼儿园上午做早操时，贝贝小朋友突然站立不稳、左右摇晃……当班老师发现后赶紧把她抱到保健室，保健医生一边细心检查，一边询问孩子。得知孩子今天早上吃了兰兰给她的药后，大家吓坏了，立刻兵分两路采取措施。一路由保健医生负责带孩子去医院检查，一路由班级老师负责调查情况。老师找到兰兰询问情况，兰兰回答："我早上来幼儿园时，把爸爸晚上睡觉吃的药装到书包里带来了，吃过早饭自由活动时，把药给了几个小朋友，贝贝拿到药就吃了，其他小朋友都没有吃。"老师听后一边收回兰兰发出去的药，一边给兰兰的爸爸打电话，当得知是安眠药时，大家才松了口气。不一会儿，保健医生也带着贝贝从医院平安回来。

分析：上述两个案例都是由于误食引起的。幼儿都喜欢捡拾一些小物件，有的幼儿还喜欢将小物件放在口袋里，这存在一定的安全隐患，除了卫生问题外，还可能会出现吞食的危险，正如案例1中的两个孩子的行为。对此，教师应多加注意，且不可视而不见。幼儿喜欢玩医生与病人的游戏，为此常常寻找一些道具，案例2中的兰兰可能就是基于这点，而将家中的药拿到幼儿园分发给小朋友。这个问题的出现有多方面原因：一是家长的疏忽，使兰兰轻易地拿走了药；二是幼儿园晨检不严格，让兰兰轻易将药带进了幼儿园；三是教师的疏忽，没发现兰兰发药的行为，致使贝贝误吃了安眠药。

沟通要点

1. 加强对孩子的安全教育，使其树立良好的安全意识。

对孩子进行安全教育，首先，教师要让幼儿懂得不能随意地将任何东西放入口、鼻、耳中，如药物、不明食物、坚硬的小物件等，并简单明了地解释一下危害。其次，教师要对孩子进行细心的照料和检查。就案例 1 而言，在小树林里的活动结束后，教师应适当地检查孩子是否捡拾小物件，这样就不会发生后面的事故了。案例 2 中，晨检时，保健医生不仅要对幼儿的疾病做到早发现、早诊断、早治疗，而且要及时发现幼儿是否带有毒害物品或易造成创伤的玩具，以排除安全隐患。

2. 加强对家长的安全教育，提高安全意识。

幼儿园可通过开放日活动、家长学校等形式，有计划地将安全教育与防范措施作为重点和家长沟通，加强家长的安全意识。如提醒家长保管好药品，尤其是有毒的危险品；督促孩子不带异物入园；教育孩子不随意乱拿、乱吃别人的东西等，发挥家长的教育职能。

四、接送

案例：早晨，强强说今天不想上幼儿园，妈妈不同意，不由分说地把强强载去幼儿园。因为时间紧，强强妈妈只把强强送到了幼儿园门口，没来得及把强强交到老师手中，自己就返身赶往单位上班了。

上午九点半左右，强强妈妈突然接到邻居电话，说强强自己从幼儿园回来了。这还了得，从幼儿园到自己家不但有三公里多的路程，还要穿过七个路口，路上车多人杂，什么意想不到的事情都有可能发生。想到这里，强强妈妈不由得害怕起来。她飞速赶回家，发现孩子安然无恙后，才放下心来。但想想孩子从幼儿园跑出来，老师竟然不知道，也太不负责了吧！

若是发生意外找谁说去？强强妈妈越想越气愤，于是领着孩子重返幼儿园，直奔园长室要找园长理论。园长耐心地等强强妈妈发完火后，叫来了强强的当班老师。老师说今天早晨没有看到强强来，正想打电话询问为什么强强这两天没来上幼儿园。此时，强强妈妈的情绪也平稳了许多，儿子昨天没来幼儿园但没有请假，今天早晨送得匆忙，确实没把孩子交到老师手里，儿子自己跑回家不能怪老师，但要追究门卫的责任。园长把家长带到门口值班室，门卫向家长诚恳道歉，并愿意接受相关处罚。园长也做了深刻的自我批评，表示今后一定会加强门卫的管理，只要孩子进了大门，幼儿园就担负起孩子的安全责任了。一场风波终于得以平息。

案例 2：只有两岁零九个月大的小夏就读于某民办幼儿园，由于家离幼儿园较远，所以每天上午上学他都要坐校车。2007 年 5 月 29 日早晨 6 时 10 分左右，幼儿园园长阚某与其丈夫孙某开车将小夏和其他孩子接到幼儿园，到达后，原本应该由跟车的阚某将孩子一个一个抱下车，但她脚疼，下车后就直接回到屋里，而让另一个老师出去抱孩子。谁都没有发现小夏被遗忘在车里。早晨 7 时 10 分，校车第二次从幼儿园出发去接第二拨孩子上学。在第二趟被抱下来的孩子里，还是没有小夏。老师把车门关上以后，孙某就将校车停放在了幼儿园旁边。整整一上午，没有人想起被遗忘在车里的小夏。中午 13 时，驾驶员孙某才发现了横躺在车里的小夏。随后，孩子被送到医院，但已经没有了呼吸。

案例 3：25 岁的韩某在西安以骑三轮卖杂货为生。一周前，他通过熟人与杨某相识，并借机偷走了杨某 5 岁孩子涛涛在幼儿园的接送卡。一日上午，他将涛涛从幼儿园领走。当天下午，杨某到幼儿园接儿子时，听说涛涛已被一男子接走，立即同家人四处寻找，但不见孩子的踪影。后来，杨某接到了一男子的电话，说孩子在他手上，准备两万元去赎人。警方得知上述情况后，成功解救出被绑架的涛涛。

分析：上述三个案例都是由于接送中的疏漏而出现的问题。案例 1 中的强强妈妈只把强强送到幼儿园门口，没来得及把强强交到老师手中，就离开了。而门卫对强强是否入园、进班未加关注，所以才出现了案例中的一幕。案例 2 中，由于园长和司机的失误，将小夏遗忘在车中。案例 3 中，韩某在盗取了杨某的幼儿园接送卡后，轻易地将孩子接走。这反映出教师的责任心不够，对幼儿家长不熟悉。

沟通要点

1. 家长应树立安全意识，明确职责。

接送危机时刻存在，家长要把好自己这一关。首先，要将孩子送到教师手中，见到孩子进入班级才能离开；其次，要妥善保管接送卡，避免丢失或被别有用心的人利用，切忌将接送卡放在孩子的书包里；最后，要认真执行幼儿园相关制度，如进出幼儿园要打卡等。

2. 明确门卫职责，加强园门管理。

在幼儿入园、离园时间，门卫不得离开工作岗位，并做好入园接送登记。在接送高峰时间段，幼儿园还应安排行政值班人员给予协助管理，严防幼儿走失及坏人闯入。

3. 建立健全幼儿园的安全接送制度。

根据《校车安全管理条例》，幼儿园要配备合格的车辆、司机、值班教师，并明确司机和教师的职责，规范其在接送中的行为，包括车辆行驶路线、幼儿座位安排（副驾驶位不得安排幼儿乘坐）、幼儿上下车秩序、教师与家长的衔接、途中不能让闲杂人上车等。到达幼儿园后，司机和值班教师要和带班教师做好交接工作，填写交接表格；司机要对车厢进行检查清扫，做好卫生消毒工作。

4. 教师切忌认卡不辨人。

幼儿园在幼儿接送方面已经采取了一定的安全防御措施，为每位幼儿配备了接送卡。从管理制度来说，幼儿园预计到了危险并制定了制度，但带班教师在交接孩子的时候，应看卡还要问人。当来接者是一位陌生人或幼儿表现出犹豫和不愿意的时候，教师一定要谨慎，要会巧妙地问一问来接者和孩子以及家长的关系，了解一下替家长来接孩子的原因。

任务二　幼儿冲突

在幼儿期，孩子的自我意识已经开始发展，也渴望与同伴交往，但其思维、语言的发展还处在初级阶段，并且现在的孩子多是独生子女，缺乏与同伴交往的经验，因此在幼儿园中，幼儿间常常因为交往障碍而引发一些冲突，主要表现为争斗、排斥和告状。

幼儿冲突

一、争斗

幼儿园的孩子多，孩子之间的争抢打斗是常有的事情。育儿专家指出，适当的“斗争”对孩子们有益，孩子间的冲突、纠纷有利于培养孩子的自我意识，孩子在纠纷中可以提高与人交往、适应社会的能力，同时也能锻炼坚强的意志。因此，教师不仅要理智地看待幼儿的争斗，还要引导家长理智地看待孩子之间的矛盾，并积极引导，帮助孩子正确处理矛盾。

案例：王老师在学年初注意到，不管东东和强强在哪个活动区，两人都会发生摩擦。他们互相尖叫，有时还会打对方。这天，他们又在一个活动区玩，东东想让强强看着自己，但强强正在玩别的，没有理他，东东就抓住了强强的头发，两人打了起来。老师刚把两人拉开没多久，两人又吵起来，原来是强强要东东和他搭积木，东东却想玩玩具车，意见不合却又想一起玩，就又起冲突了。王老师认为需要指导他们正确处理自己的问题。

分析：幼儿间的争斗是常见现象，大多数是由于玩耍引起的。但引起幼儿争斗的原因很多，有的是因为幼儿不懂得分享，有的是因为幼儿不懂得与他人互动的正确方式等。教师对于这种争斗应因势利导，对症下药，化解冲突，增进友谊。

沟通要点

1. 当孩子出现消极的交流行为时，教师不仅要阻止该行为，更要教幼儿用积极的办法满足需要。

例如，东东因为想让强强看着自己就抓他的头发，那么东东就应该学会用其他办法达到同样的目的，比如称呼强强的名字。如果幼儿缺乏语言技能，教师可以教他轻轻拍别人的胳膊以引起对方注意。与此同时，教师还要与家长合作，便于家长学会鼓励幼儿用积极行为来交流，而不是用消极行为来交流。

2. 教孩子学会参与同伴游戏。

进入幼儿园，幼儿要学会从单独游戏过渡到合作游戏。大部分幼儿通过观察自己的朋友，学会了怎样和别人一起游戏。然而，有的幼儿不知道怎样和别人一起游戏，他们会推人、抓人、与人争吵。教师应教会这些幼儿如何参与同伴游戏，在游戏期间还应进行监督，促使幼儿学会与同伴互动的适合的方式。

3. 教会孩子与人分享。

现在的孩子大多是独生子女，平时生活中所有的玩具、物质都不需要跟兄弟姐妹或同伴分享，因而不懂得分享，所以幼儿需要在幼儿园具体学习怎样与朋友分享，这项内容也就成了幼儿教师必须承担的教育任务。

二、排斥

某个孩子在幼儿园被排斥、孤立，究其原因主要有孩子存在攻击性行为和家长的教育方式不妥，针对这些原因谈谈解决方案。

案例 1：在家备受宠爱的东东是班里最调皮的孩子，由于经常惹是生非，大家都很讨厌他。其实，他特别希望与别人一起玩，可是没人愿意搭理他。于是，东东常常用掐人、打人或是发出各种怪叫声等不适当的方式来招惹别人，企图以此为手段接近别人或惹人关注。一旦与他人产生矛盾，东东就用武力来解决。

一天，老师制止了东东的暴力行为后问他为什么又打人，他却理直气壮地说："谁让他不给我玩球的。我爸说了，谁要敢欺负我，我就要比他凶，要打到他乖乖听话为止。"他那振振有词的样子，令老师瞠目结舌。

案例 2：军军妈妈与涛涛妈妈在同一个单位工作，军军与涛涛又同在该单位附属幼儿园上学，是一对要好的小伙伴。涛涛是一个心直口快的孩子，外号叫"小喇叭"；而军军是一个标准的捣蛋鬼，许多家长都不喜欢他。涛涛妈妈发现儿子喜欢和军军在一起，很生气，就悄悄地叮嘱儿子："军军是个坏孩子，不许跟他玩！"涛涛这个"小喇叭"居然第二天就把这件事告诉了军军。军军妈妈的自尊心特别强，知道这件事后，顿时气急败坏地撺掇班上几个孩子的家长，让他们叫孩子都不要和涛涛玩。由于军军妈妈是一个挺泼辣的人，大家都有点儿怕她，就照办了。蒙在鼓里的涛涛还像以前一样找军军他们一起玩，可是大家都说："我不带你玩。"被孤立的涛涛不明就里，还傻傻地跟在别的小朋友后面亦步亦趋……

案例 3：清清上幼儿园已经半年多了，但是最近 1 个月以来，她的玩伴越来越少。这不是因为清清不合群，也不是因为其他小朋友欺负她，而是一个冲突导致的结果。

一天晚上，妈妈来接清清回家，发现女儿的脸上出现一道红印，虽然没有出血，但是在清清白皙的脸上很明显。还没等妈妈问呢，清清就哭着跟妈妈说瑶瑶抓她了。清清妈妈就问瑶瑶为什么抓清清，瑶瑶怔怔地看着老师不说话。老师赶紧解释："孩子们玩的时候不小心抓的，我们以后要看得仔细一些。清清，疼不疼呀？”这时瑶瑶奶奶过来了，知道情况以后，对清清妈妈连说道歉之词。可是清清妈妈丝毫不领情，同时对老师和瑶瑶奶奶说：“几句对不起就完事了？老师工作失误，你家孩子习惯打人，我家女儿成了受害者，现在女儿破相了，得到医院检查，谁付检查治疗费呀？”于是瑶瑶奶奶把身上带的200元钱都拿出来给了清清妈妈。她接过钱，训了瑶瑶一句：“以后不准跟清清玩了。”然后就带着清清走了。这一过程被许多接孩子离园的家长围观，有的家长说：“清清的妈妈真难缠，咱们家的孩子可不要惹了她。”几个家长交代自己的孩子：“以后你不要跟清清一起玩，知道吗？”孩子们乖乖地点点头，把家长的“教诲”牢记心头。第二天到了幼儿园，还没有开始玩呢，有的孩子就对清清说：“我不跟你玩。”

分析：东东、涛涛和清清在幼儿园都遭到了排斥，但原因是不同的。东东因为听信了爸爸的话：“谁要敢欺负我，我就要比他凶，要打到他乖乖听话为止。”所有的问题都通过暴力来解决，以至于同学们都怕他，不愿意搭理他。由于军军妈妈恼恨涛涛妈妈说“军军是个坏孩子，不许跟他玩”，就纠集一些家长向自己的孩子施压，不许孩子和涛涛玩，使涛涛被排斥。当清清被瑶瑶不慎抓伤，清清妈妈采取了过激的方式，致使许多家长为了避免麻烦都要求自己的孩子不跟清清玩，使清清变成了“孤家寡人”。

沟通要点

1. 由于家长不当的教育方式，使东东不懂得如何正确地与人相处，总用掐人、打人或是发出各种怪叫声等不适当的方式来接近别人或惹人关注。所以总被同伴解读为：“老师，他打我了。”因而不愿和他玩。当面对东东这种攻击性较强的孩子时，教师一方面要教会孩子一些交往技巧，纠正他的不当行为，另一方面要多与家长沟通，控制孩子的攻击性行为，并帮助家长改正一些错误的教育观念。

2. 有的家长为孩子考虑得特别多，希望孩子不要结交坏朋友、不要被欺负等，当觉得哪个孩子“不好”就禁止自己的孩子和他玩，甚至让别的孩子也不和他玩；当自己的孩子与别的孩子稍微产生冲突，家长就大肆追究别的孩子及其家长或者老师的责任。这种“我向思维”的处事方式常常把别的家长和孩子搞得很被动，甚至很难堪，涛涛和清清被小朋友排斥实际上就是家长的处事方式造成的。其实幼儿对人际关系的利益得失反应不太敏锐，所以家长要以一颗平常心对待孩子间的问题，不用太过夸大。

三、告状

爱告状，这是幼儿表现出的带有普遍性的行为特征，许多家长和教师为此发愁，担心孩子的思想品德有问题。其实，这只是幼儿接触生活、寻求心理平衡的表现，是幼儿认识社会、解决疑难问题的方式。幼儿的“告状”，并不都具有“告发”的意思，家长和教师应具体分析、区别对待。

案例：我经历过两次关于孩子“打人”的告状。其实都是孩子在走跑转动之间产生的磕碰，而被碰到的孩子却哭诉说：“他打我！”面对哭丧着脸的和不明就里（他不知道自己碰人了）的孩子，我抚摸着被碰的幼儿的头说：“很疼是吗？但我看到了，他不是故意的。”而后，我对碰人的幼儿说：“你刚才碰到人了，你该怎么办？”碰人的孩子自觉地说：“对不起。”这样，被碰的孩子不哭了，碰人的孩子也消除了委屈的情绪。

分析：孩子告状是幼儿园中常见的事情，这是由于幼儿的道德认知发展水平还较低，道德概念和道德知识也比较贫乏，道德评价也还停留在较低水平，对于是非、好坏和善恶还不能独立地进行判断，所以对父母和教师有很大的依赖性。当幼儿碰到自己无法解决的问题时，喜欢向教师和家长求助，就演变为了“告状”。

沟通要点

1. 帮助家长了解孩子爱“告状”的原因，帮助孩子正确处理问题。

既不要置之不理，又不要太过在意。

2. 引导幼儿在处理班级问题时要有决断性，而不是靠告状。

当孩子告状时，教师要根据具体事件，教会孩子正确的应对方法，让孩子学会独立处理与同伴之间的问题，如当某幼儿到教师面前说：“某某打我。”教师回答道：“告诉某某你不喜欢被打！”当某幼儿跟教师说：“某某偷了我的铅笔。”教师问：“你看到他偷你的铅笔了？”他说：“是。”教师让他去跟这个孩子说，让他把铅笔归还等。

3. 要教育孩子多看别人的长处。

教师要让孩子学会公正、客观地看待别人，多学习别人的长处，找出自己的不足。教师应教育孩子不管别人做得如何，自己都应该按照要求去做，且有勇气坚持下去。

任务三　家长冲突

孩子是父母的心头肉，当孩子受到委屈时，家长出于对孩子的疼爱，都会做出一些保护性的行为，有的家长甚至会将孩子间的冲突上升为家长间的冲突。当教师面对家长间的冲突时，应保持怎样的态度、采取怎样的方法来解决问题呢？在此，从可能会引发家长冲突的因素入手，对该问题进行探讨。

一、幼儿互动引发的冲突

现在的孩子大多是独生子女，他们容易存在娇惯任性、唯我独尊、心高气傲等特点，这就使得他们在与同伴交往时难免产生许多冲突。① 若孩子受挫，家长亦会有受挫感，因而会对幼儿间的冲突进行干预，这往往会引发家长间的冲突。

案例 1：一天下午，美术活动后，孩子们正在收拾绘画用品。开开一边收拾，一边玩着记号笔，一不小心画在了同桌妞妞的脸上。这时，妞妞奶奶来接孩子了，班主任肖老师赶紧和妞妞奶奶一起带妞妞去盥洗室清洗，却发现印迹很难一下子洗掉。尽管肖老师诚恳地道歉，但妞妞奶奶的脸上仍写满了不悦。回家后，妞妞奶奶想尽办法要把妞妞脸上的印迹洗干净，不光把香皂、洗面奶、药皂全用遍了，还要用酒精消毒，结果把妞妞的脸洗破了。妞妞疼得大哭，一家人又气又急，认为都是开开的错。妞妞爸爸气冲冲地打电话给肖老师，说要找开开的家长谈谈。肖老师在电话中再次向妞妞爸爸表达了歉意，还劝导他，孩子之间偶尔有些小摩擦很正常，由于孩子年龄小，他们往往不能很好地控制自己的动作。开开绝非故意，希望家长能够谅解。妞妞爸爸无意责怪老师，但坚持要和开开的家长谈谈。

第二天，肖老师根据平时对双方家长性格脾气的了解，与开开妈妈进行了沟通。肖老师首先自我批评："由于我们工作的疏忽，发生了这样的事情。"然后劝慰开开妈妈："事件发展成现在这样，不能全怪开开。将心比心，妞妞很无辜，家长生气也是可

---

① 穆颖. 家长如何正确对待幼儿冲突［J］. 科学大众（科学教育），2011（11）：106.

以理解的。虽然妞妞的家长也有一定的责任，但整件事是开开引起的。现在最重要的是得到妞妞家长的谅解，希望您能和妞妞的家长好好谈谈，诚恳地道歉，相信妞妞的家长会理解的。”

双方家长的见面会很顺利：开开妈妈一个劲地道歉，还买了营养品给妞妞；妞妞爸爸感受到开开妈妈真诚的态度也就不再说什么了，临走时还向肖老师道歉，说麻烦老师了。开开妈妈很感谢肖老师，表示一定会配合教师教育开开。就这样，一场纠纷顺利化解。①

案例2：刚工作第一年的新教师带托班时，家长由于自己的孩子被一教师的孩子咬出牙印，要去打此孩子，年轻教师招架不住，打电话请同班组正在学习的另一位比较有经验的教师回来解决。园长立即请同班组教师回去，并且嘱咐道：“第一，坚决阻止。向家长表明态度，我园坚决不允许家长打孩子的现象发生；然后再次向家长强调在家长会上已经达成的共识——幼儿园发生的孩子之间的纠纷，家长都不要直接参与教育其他孩子，要由班级教师协调解决。第二，请班主任立即请该教师家的外婆前来道歉，并和教师一起到医院去看望，同时买慰问品给孩子。”如此处理后，家长由开始的激动转变为理解，并接受了咬人孩子家长的道歉。当晚，事件似乎比较完满地解决了。园长也随即到班上了解情况，事情发生在午睡起床时，年轻教师正在帮其他孩子穿衣服，没有看到这两个孩子的行为，只是根据以往的经验，推断是园里教师的孩子又惹事了。于是年轻教师就和家长讲，大约是教师的孩子咬了他的孩子。听后，园长也接纳了年轻教师的推测。

可是，在周六晚上，班主任打电话到园长家说被咬孩子的家长周一要来找园长评理。原因是孩子咬人的教师回家后，孩子非常委屈地说，是被咬孩子先咬他的，他的膀子也留下了很深的牙印。此教师觉得很委屈，恰巧她周六上午在园里加班，就带着自己的孩子到园给班主任看，向班主任抱怨。班主任听后很生气，就将此情况立即打电话告诉了家长。家长听了非常恼火，认为园内的教师一起编造理由合力欺负他们。

园长立即和班主任讨论：“为什么要将家长已经熄灭的怒火重新点燃呢？如果你是家长你会怎么想？你认为应该怎样处理这样的情况家长比较容易接受呢？”最后，园长安慰教师，事情已经发生了，园里会妥善处理的，请她不要担心。周一早上，家长来到园长室评理。在经过长时间的沟通后，家长接受了园长的道歉并表示谅解教师的处

① 赵明琨．巧化干戈［J］．幼儿教育，2008（9）：48.

理方法。

分析： 上述两个案例都是由于幼儿间的打闹而引发的家长冲突。孩子的身体受到伤害，最易引起家长情绪激动，对此幼儿园和教师应给予理解，并采取有效的手段解决冲突，与家长一同为幼儿的健康成长而努力。

沟通要点

1. 作为教师，在处理家长冲突时，首先要态度诚恳、中立，案例1中的肖老师诚恳的态度感染了双方家长，使他们能心平气和地解决争端。除了诚恳外，中立的态度也是处理冲突的关键。案例2中的班主任由于听了教师家长的一面之词而对被咬孩子的家长横加指责，从而使本已平息的冲突又被激化了。所以教师在处理家长冲突时一定要持中立态度，切不可偏帮某一方。其次，教师要掌握一定的交流技巧，即使发生了误会，在发现事件真相后，也要注意在什么情景下与家长澄清。如肖老师在分析双方家长的性格脾气后，先是与开开妈妈单独沟通，再安排开开妈妈和妞妞爸爸对话。怒气冲冲的爸爸面对语调和缓的妈妈，火气就已消了大半。如果是两个爸爸碰面，就可能出现针锋相对的局面。[①]

2. 幼儿园平时应建立有效的应急机制，当突发事件发生时，幼儿园所有人员都要意识到这是全园教师共同的事情，都要认真负责，并且每位教职工都应熟悉应对突发事件的正确流程和原则。

二、教师“不公”引发的冲突

每个家长都希望自己的孩子得到教师的最大关注，当感到自己的孩子被忽视、被指责时，就会感到不满，从而对教师和幼儿园深感不忿。对此，教师除了在平时工作中要做到对所有的孩子一视同仁外，还应注意排解家长的这种不满情绪，以避免产生冲突。

案例1： 下午家长来接孩子时，孩子正在抢别人的玩具，因此，教师批评了孩子。家长看到此情此景非常生气，立即上前质问教师，为什么要批评他的孩子。

案例2： 丹丹妈妈和晓娟妈妈是同事，也是邻居，关系很好，两个孩子在同一个幼

---

① 上海市中小学（幼儿园）课程教材改革委员会办公室. 幼儿园教师成长手册［M］. 上海：华东师范大学出版社，2009.

儿园的同一个班级，所以经常一起接送孩子。丹丹乖巧，晓娟有些小毛病。班上的李老师想帮助晓娟改正小毛病，就常常在来园、离园的时候找晓娟妈妈谈话，对同来的丹丹妈妈只是笑笑。“六一”儿童节到了，幼儿园排练舞蹈参加比赛，因为要求跳舞的小演员身高要差不多，李老师就推荐了身高中等的晓娟。因此，丹丹妈妈心生不满。一天中午，天气转冷，丹丹妈妈送衣服到幼儿园，因为正值午睡时间，李老师匆忙地接过东西就转身走了。丹丹妈妈刚出门，门就被一阵风刮关上了，声音很响。丹丹妈妈不知情，以为是李老师故意的，因而十分恼火，觉得李老师不把孩子和自己放在眼里，就告到了园长那里。园长当时没有表态，下午就找了当班教师了解情况。李老师认识到了自己的疏忽。园长决定不出面，让李老师自己做工作。李老师主动找到了丹丹妈妈，解释了情况，大家握手言和。

分析：案例1中的家长见教师批评自己的孩子感到很生气，立刻指责教师；案例2中的李老师工作认真、踏实，却没有注意到丹丹妈妈感到被忽视，因而结怨越来越深，引发了冲突。对此，家长不但要理解教师的工作，教师也要顾及家长的感受。

沟通要点

1. 幼儿园管理者应帮助教职工掌握开展幼儿园常规工作的策略。

家园沟通是幼儿园的一项常规工作，幼儿园教育工作者必须熟练掌握这项工作的方法、技巧，才能更好地开展工作。所以幼儿园应对教职工尤其是年轻教师开展相关培训，以提高他们的能力。

2. 幼儿园管理者应放低姿态，多下园，和教师、家长、孩子多接触，以及时发现问题，进行改进。

三、家庭矛盾引发的冲突

现在的家庭多是六个家长一个孩子，每一位家长都密切关心孩子的成长，也都对孩子的教育教养有一套自己认可的方式方法。教育教养方式的差异常会引起家长之间的矛盾，有时这种矛盾也会波及教师。面对这样的问题，教师应采取一些巧妙的方法进行化解。

案例1：哈哈吃饭少而且挑剔。

哈哈妈妈非常生气地说：“老师，你要跟他奶奶认真地说一说。”

教师说："说什么呀？"

哈哈妈妈说："每次在哈哈吃饭前，他奶奶都要给他吃零食，说是帮他开胃，结果弄得孩子吃饭不香，瘦得像猴子一样，我又不能批评她，老师讲话她会听的。"

教师说："好吧，我找个适当的机会跟她聊聊。"

教师找到哈哈奶奶问："宝宝在家吃饭怎么样啊？"

哈哈奶奶说："宝宝在家吃饭好得很。"

教师说："吃饭前给不给宝宝吃零食啊？"

哈哈奶奶说："我们家从来不吃。"

教师立刻不知如何说了。因为教师不能当着哈哈奶奶的面说这是哈哈妈妈告诉自己的，否则就扩大了矛盾。

案例 2：楚楚外婆到教师处请求教师教育楚楚奶奶，不要再在晚饭前给孩子喝酸奶了。楚楚爸爸妈妈离异后，楚楚平日与奶奶住一起，周末到外婆家和妈妈一起住。楚楚长得特别瘦小，吃饭一直不香，外婆认为是奶奶在饭前给他喝酸奶的缘故。教师从楚楚外婆的抱怨中了解到，奶奶也是听说饭前喝酸奶有助于开胃，才这么做的。此时，教师不要赞成任何一方，以免使另一方不满，导致本已复杂的关系变得更加复杂。因此，教师可以说："关于饭前喝酸奶是否起到开胃的作用我也不太清楚。您可以问问儿童保健或营养专家，看看他们是怎么说的。"

分析：上述两个案例都是由于家长在教养方式上存在差异而引发矛盾，希望教师解决冲突。幼儿教师的职责是教育孩子，切不可过多地参与到家庭纠纷中，虽说家长请教师帮助解决家庭问题是信任教师的表现，但"清官难断家务事"，说不定会越帮越忙。

沟通要点

1. 教师应明确自己的工作职责和原则，即一切工作的出发点都是为了孩子在园的快乐成长。

教师不能偏袒某一方，要保持中立，不要主动介入家庭的矛盾事件，不要去做"法官"，以免耗时又无效，甚至将家庭内部的矛盾扩大为家园矛盾。

2. 教师应掌握合适的沟通技巧。

教师没有责任去调节家庭中的纠纷，因此教师要像案例 2 中的教师一样“抛绣球”，转化矛盾，切不可“硬碰硬”。

复习与思考

1. 结合幼儿园一日工作流程，谈谈幼儿园日常安全管理流程。
2. 如何培养幼儿的合作意识？
3. 结合实例谈谈幼儿园的危机事务管理机制。

项目十 团体活动

学习目标

通过对本项目的学习，了解运动会、节日活动、家长会和外出活动四类团体活动的开展要点；能够与家长一起做好这四类团体活动的准备、实施工作。

知识储备

本项目主要分析了运动会、节日活动、家长会和外出活动四类团体活动，结合案例具体分析了在开展这四类团体活动时，教师与家长所需做的工作，并提出了一些建议。

思政目标

增强学生扎根祖国、建设祖国的爱国热情。

任务一 运动会

为了激发幼儿参加体育活动的积极性，发展幼儿身体的协调性和灵活性，增强幼儿的体质，每年幼儿园都会举行各种形式的运动会。目前幼儿园举办的运动会主要分为幼儿运动会和亲子运动会两种。

一、幼儿运动会

幼儿运动会是由幼儿园组织的让孩子独立参与的一种体育活动。幼儿运动会不仅能让幼儿在活动中展示才能，培养集体意识和合作精神，还能使每个幼儿体验成功，感受欢乐。[①] 家长通过观摩幼儿运动会，能了解到孩子的动作发展情况，从而重视对幼儿身体素质的培养。幼儿园在开展幼儿运动会时，要考虑到不同年龄段孩子的特点，控制运动时间，做好内容选择，使孩子健康、快乐地进行体育活动。

案例：

某幼儿园幼儿运动会活动项目一览表

年级	活动项目	器材准备	游戏规则
小班	集体“接力运水”	大水桶1个、小水桶1个、空饮料瓶若干个	每班10名幼儿，每名幼儿手拿一个空饮料瓶，从起点的大水桶里打水，运到终点的小空水桶里，然后跑回到起点，下一个幼儿继续。最先将小空水桶装满的班级为胜。参加的班级有小一班、小二班、小三班、小四班、小五班
中班	个人“小小坦克兵”	纸箱若干做成履带	每班2组，每组10人。幼儿在起点处相应的轨道里爬，爬到履带里，匍匐前进到终点后再原路返回，先到达起点者为胜。每组选前2名
大班	个人“超级动力车”	动力车10辆	每组10人，幼儿从起点出发，绕过障碍物快速冲刺至终点，并返回，先回到起点者为胜。选前3名。参加的班级有大一班、大三班和大大班

分析：小班幼儿的活动项目是集体“接力运水”，每个参与活动的幼儿都拿有一个空饮料瓶，从分列两方的大小水桶里来回运水。因为小班幼儿对游戏材料的依赖性较强，多参与平行游戏，所以此类群体性的娱乐活动是适合小班幼儿的。因为中班幼儿对游戏的规则虽已有了一定程度的认识，但竞争意识还不明显，所以表演性和操作性较强的、个人参与的“小小坦克兵”活动适合中班幼儿。因为大班幼儿已具备了相当

① 包勤雅，钱芬．庆“六一”运动会：全园节日活动［J］．幼儿教育，2001（4）：22.

水平的合作能力和竞争意识，所以可以安排一些具有竞赛性的接力游戏或对抗比赛，如案例中的个人“超级动力车”。①

沟通要点

1. 让每个幼儿都参与到活动中，都得到锻炼。

很多幼儿运动会都只是组织一些运动能力强的孩子，通过集中训练后参与比赛，表演的性质重，也使运动成了少数孩子的事，大多数孩子成了旁观者，没有得到锻炼。幼儿期是培养孩子各种兴趣的重要时期，所以幼儿运动会应重在参与，轻在竞争，应让每个幼儿都参与运动会。教师可根据孩子能力的差异进行分组比赛，鼓励每个孩子都参加，让每个孩子都得到锻炼，也都获得成功的喜悦，从而热爱运动。

2. 让每个家长都关注幼儿运动会。

幼儿运动会是幼儿独立参与的，有的家长可能认为自己到不到都无所谓，事实上家长的观摩不仅在精神上鼓励了孩子，也能使家长更好地了解孩子的动作发展情况，以便在生活中有的放矢地对孩子进行培养。教师可以在幼儿运动会筹备阶段就邀请家长参加，出点子，提意见；在幼儿运动会将要举行前，向家长发放宣传单，把运动会的目的、具体开展情况向家长一一介绍，并邀请家长前来观摩。

二、亲子运动会

亲子运动会是由幼儿园组织的让父母和孩子共同参与的一种活动。② 亲子运动会作为一种家园共育形式，从某种程度上讲是幼儿园教育的延伸与扩展，是教师与家长最好的沟通渠道。教师通过活动可以利用家庭中的教育资源，使每个家长成为幼儿园的合作教育者，体验到教师的工作。幼儿园在开展亲子运动会时，既要考虑到幼儿发展的需要，又要便于家长参与和指导，还要考虑到活动的愉悦性。

案例 1：

幼儿园趣味运动会方案（小班）

活动目标：

1. 让孩子通过自己的努力完成比赛，感受亲子运动的快乐。

---

① 宋丽霞，倪玉萍．幼儿园运动会的设计与组织［J］．学前教育研究，2001（4）：68.

② 殷超君．有效地开展亲子运动会［J］．早期教育，2000（7）：10.

2. 激发幼儿参加体育活动的积极性，发展幼儿身体的协调性和灵活性，增强体质。

活动场地：大操场。

时间：1个小时。

活动准备：

1. 划分好各班活动区域。

2. 与家长取得联系，为参赛的幼儿穿适宜的服装与鞋子。

比赛项目：

1. 看谁投得准。

材料：小纸球若干，纸篓5个。

每5个家庭为一组进行比赛，小朋友投球，家长抱纸篓接球，在规定时间内，看哪个家庭接到的球最多为胜。

2. 安全地带。

材料：圈若干、小红旗1面。

准备两个圈，孩子从一个圈里跳到另一个圈里，家长赶快从孩子后面将圈拿到前面，依次类推，直到终点，先到达终点并拿起小红旗者获胜。

3. 小小坦克兵。

材料：轮胎5个。

每5个家庭为一组进行比赛，幼儿在起点处在相应的轨道里推轮胎前进，到终点后将轮胎传给家长再原路返回，先到达起点者为胜。

4. 超级动力车。

材料：动力车5辆。

每5个家庭为一组进行比赛，家长载好幼儿从起点出发，绕过障碍物快速冲刺至终点并返回，先回到起点者为胜。选前3名。

5. 踩高跷。

材料：高跷5个、梅花桩若干。

每5个家庭为一组进行比赛，幼儿从起点出发走过梅花桩，快速跑到对面家长那里，家长手拿高跷返回，最先跑完的一组家庭为胜。

6. 大脚驮小脚一起吹泡泡。

材料：气球若干。

幼儿面对着家长，（幼儿脱掉鞋子）双脚踩在家长的脚上，家长搂着宝宝，驮着宝宝的脚，负重往前走，一直走到终点，然后家长拿起一个气球吹大，宝宝再将气球踩爆。

规则：行进中幼儿的脚不能落地。

7. 赶小猪。

材料：皮球10个、小棍10个。

每5个家庭为一组进行比赛，宝宝与家长同时从起点出发，分别用小棍赶着自己的皮球前进（可以互相帮忙），将两个皮球赶到与自己颜色相对应的洞里，两个皮球都进洞且用时最少的队伍获胜。

8. 穿大鞋。

由一名家长与一名幼儿参加，家长脱下鞋子坐在场地一边，幼儿穿上家长的鞋子站在另一边，听到口令以后，幼儿出发向家长走去，帮家长穿上鞋子后，家长背起幼儿跑向场地另一边帮助幼儿穿好鞋子，看谁先完成。

9. 运球游戏。

材料：皮球若干、筐5个。

把孩子分成5组，家长背着孩子，孩子手里拿一个皮球，把皮球运到筐里，在规定时间内看谁运得多。

10. 乒乓球乐。

材料：乒乓球、乒乓球板和瓶盖。

宝宝和家长分别站在场地的两端。游戏开始，家长手持乒乓球拍，托球跑到宝宝处将乒乓球放在宝宝手上，宝宝手拿乒乓球运送到终点。先到达终点者为胜。

规则：家长不得用手扶乒乓球。

说明事项：

1. 遵守比赛规则，服从裁判决定。友谊第一，比赛第二。

2. 各班级教师管理好本班幼儿，注意安全，不在赛场内自由走动或奔跑。

3. 保持比赛场地卫生，爱护公共设施，做文明人。

案例2：在中班期有一项教育内容是学习跳绳。跳绳是一项对动作的协调性、灵活性要求较高的运动，对初学的幼儿来说有相当大的难度。为激发幼儿学习跳绳的积极性、增强自信心，幼儿园组织了“我和爸爸妈妈一起跳绳”的活动。从家长为孩子展示跳绳的各种技能，到家长带着孩子一起玩儿，再到孩子自己尝试跳绳，最后到几个家庭为一组，孩子和家长同跳一根大绳的活动，使整个操场充满了欢声笑语。亲子跳绳游戏还减少了孩子对练习跳绳的畏惧与退缩，使孩子变得更加积极、勇敢。

案例 3：升入大班，幼儿对各种棋类的兴趣日趋浓厚，可是在玩时又不知从何下手，而教师的个别指导又远远满足不了孩子对棋类玩具的探索需求，这时适时组织亲子活动“我和爸爸妈妈一起下棋”，幼儿会非常高兴。

分析：在设计亲子运动会时，除了要考虑幼儿的年龄特点和需要外，还应便于家长参与和指导，使家长通过参与亲子运动会，既了解了孩子的运动发展水平，也促进了家长与孩子间亲子情感的建立。案例 1 所展示的是一个以小班为单位来设计的小型运动会，运动会时间为 1 个小时，运动项目均为群体性、娱乐性的亲子活动，符合小班幼儿的特点，也有利于家长参与。案例 2 是以教育内容为主题设计的亲子活动，案例 3 是从大班幼儿的兴趣出发来设计的亲子活动，这两个设计均符合该年龄段孩子的特点，也是家长可以参与和指导的。

沟通要点

1. 帮助家长做好运动会前的准备。

运动会前，教师应以书面的形式告知家长运动会的时间、目的、程序、准备及注意事项，使家长有一定的心理准备和物质准备，如游戏中的穿着、游戏需准备的材料等。

2. 帮助家长掌握指导幼儿运动的方法。

教师可通过赛前培训，教给家长一些有效的指导方法，在运动中也要注意提醒家长要重视对幼儿的指导。

3. 鼓励家长多参与班级活动，提高家长参与度。

任务二　节日活动

中国的节日与我们民族源远流长的悠久历史一脉相承，是一份宝贵的精神文化遗产。[①] 将中国传统节日融入幼儿教育，有助于培养幼儿的民族自豪感和凝聚力，也有助于让幼儿体会到中国文化的博大精深，所以幼儿园都非常重视节日文化的教育。同时，节日活动也是发掘家长资源、加强家园沟通的一个良好渠道，所以幼儿园在组织节日活动时，都会邀请家长参与，让孩子在庆祝活动中理解节日文化的内涵，充分体验和家人同庆的愉悦。本节主要讨论如何通过家园共育搞好节日活动。

案例 1： 某幼儿园不同年龄班的过年活动的整体计划如下。

托班：请爸爸妈妈或爷爷奶奶来园和孩子共同观看放鞭炮、烟花的视频，欣赏烟花的色彩、造型及声响的不同；事后，教师和家长共同创造性地将视频中的情景用墙饰表现出来。教师和家长将各色吸管经过剪、折、弯曲、拧、卷、叠等多种方式组合成各式不同图案的烟花造型，让孩子体验将漂亮的烟花变到墙上的惊奇感，初步体验到爸爸妈妈或爷爷奶奶的本领很大。

小班：主要发挥爷爷奶奶（或姥姥姥爷）的作用，请他们讲述元宵节的来历，邀请爷爷奶奶教自己的孙子孙女包元宵；包好后，直接在班级里煮熟，孩子观察；最后孙子孙女请爷爷奶奶先吃，并每人用小勺喂爷爷奶奶吃一个。让孩子学习关心老人，体验和老人一起过节的快乐。

中班：请爸爸妈妈来园参加亲子制作花灯的活动。在活动开始时，教师先邀请做花灯的老艺人来园讲授并演示如何制作花灯，接着孩子和家长以家庭为单位学习制作花灯，做好后大家相互欣赏，同时家长、孩子以及全园的教工参加评比，说出每种花灯的优点并颁奖，如最佳创意奖、孩子参与为主奖、最佳色彩奖、最佳图案奖、最佳手工奖、最佳牢固奖、最佳材料奖、最佳造型奖等。让孩子初步了解制作花灯的传统技艺，让家长、孩子在体会制作花灯的快乐的同时发现他人的优点，并相互学习，在

① 李明辉．置于文化视野中的幼儿园传统节日活动［J］．学前教育研究，2004（Z1）：87－88.

继承传统手工艺的基础上发挥个人创造力，让孩子体验创新的乐趣。

大班：请家长和孩子一起开展关于过年的主题有奖抢答等竞赛活动。教师和家长围绕年文化主题，共同讨论确定具体的题目、内容和组织形式等；共同布置会场，让孩子在准备的过程中感受过年的氛围，并在活动过程中了解和体验中国年文化的内容和内涵。

案例2：

元旦灯会活动设计

活动目的：

1. 通过家长参与幼儿园的节日活动，增进父母与孩子的亲情，培养幼儿活泼开朗的性格。

2. 通过做灯、说灯、赏灯、玩灯等活动，让幼儿感受节日的欢乐气氛。

活动准备：

1. 在宣传橱窗内布置各种彩灯的照片；在橱窗周围悬挂几盏用盒子、易拉罐、瓶子等废旧物品制作的样灯。

2. 设计“玩灯”游戏，准备游戏所需的各种材料。

3. 师生共同布置大活动室，前面用彩灯拼成“庆祝元旦”四个大字，四周和空中挂满教师、家长和幼儿制作的灯。

4. 确定一位年轻教师担任主持人，一名幼儿扮演鼠娃“吱吱”。

5. 小奖品若干，如糖果、橡皮、铅笔等。

6. 准备《新年好》的音乐磁带等。

活动过程：

活动一　做灯

1. 元旦前夕，在家园联系栏中通知家长协助幼儿园搞好庆祝活动。

2. 组织幼儿、家长观看各种灯展图片，发动他们利用废旧材料共同制作一盏灯，并把灯布置在各班的活动室内。

活动二　说灯

请每位幼儿介绍自己和父母一起制作的灯，如介绍灯的名称、所用的材料、特点等，然后说一说制作过程。

活动三　赏灯

1. 各班评选出制作精巧、美观有趣的灯各10盏，送到活动室展览。

2. 在家长接送孩子的空隙，组织他们分批带着孩子一起赏灯，评出最佳作品。

活动四　玩灯

元旦当晚灯火通明，广播里播放着欢快的乐曲，全园幼儿和家长集中在大活动室。

分析：

1. 案例1中，某幼儿园以“过年”为主题设计的节日活动，根据不同年龄段幼儿的特点，在活动目标、内容、形式、家长参与的方式上做了相应的设计，这既可以避免孩子学习内容的重复，也符合孩子的年龄特点，还能让家长资源的作用最大化。

2. 案例2是以“元旦”为主题的一个节日活动设计，从设计中可看到，整个活动从准备到实施都是在教师的发动下，由幼儿和家长共同参与完成的。通过做灯、说灯、赏灯、玩灯等活动，既让幼儿感受到了节日的欢乐气氛，培养了幼儿活泼开朗的性格，又增进了父母与孩子的亲情。

沟通要点

1. 邀请家长参与活动设计。

活动中，教师应注意发挥全体家长的作用。从主持人到布置会场，再到当天活动结束后的整理工作，教师都要尽可能地发挥家长的作用，最大化地利用家长资源，让幼儿园节日活动真正成为增进家长、孩子与教师的亲密感情，进行实质性互动，共享、共乐、共成长的平台。家长参加幼儿园节日活动不是作为一个观众来看活动的，而是要真真切切地参与其中，成为节日活动的主人、主角，与孩子一起感受到活动的价值和快乐。所以教师应当尽可能地调动起每位家长的积极性和参与感，不仅在准备阶段让家长参与其中，进行策划准备，而且要让他们全程参与。

2. 给家长和孩子留出充足的准备时间。

由于大多数家长平时都是以工作为主，参与幼儿园活动都是利用工作之外的时间。因此，教师在开展每一次活动之前，都要尽早以多种方式告知家长，以便他们能在一个时间段内妥善安排自己的工作并做好参加活动的准备。

3. 帮助家长和孩子更好地参加活动。

节日总伴随着欢快喜庆的气氛，活动形式也是丰富多彩的，再加上家长来园，孩子都会特别高兴。幼儿注意力的稳定性较差，又由于情绪激动，人数众多，就会出现秩序混乱、活动脱节的现象。因此，教师最好提前几天将活动流程发给家长，人手一份，便于他们提早熟悉当天的活动流程，以便不依赖主持人或组织者，自主地进入每一个环节。活动中，家长和孩子由于情绪波动大，可能会发生争执，教师要予以调控。

4. 做好活动的安全保障，保证活动顺利进行。

因为活动时，在园人数是平时的二倍至三倍，人员拥挤，容易出现安全事故。所以，教师要事先设计好活动规则、行走线路、进出口的位置，确保通道畅通等，并一一向家长交代清楚，最好在易拥挤处挂上醒目的标志进行提醒。在家长来园前，教师应给每个家长发一份安全要求，请家长自觉遵守，保证活动中的安全。

5. 活动结束后，对家长的工作表示感谢，一来是基本的礼仪，二来也有助于下次活动的开展。

任务三　家长会

召开家长会是幼儿园工作的重要组成部分。通过计划和良好的沟通，家长会能成为教师和家长的积极体验。

案例 1： 孩子报名入园了，幼儿园要开一次新生家长会，这是我这个妈妈第一次参加家长会，心情很复杂，也很期待。不知道这次家长会都干什么，我们需要准备什么？我和孩子爸爸都可以去吗？我可以给老师提要求吗？（摘自《让宝宝爱上幼儿园——妈妈问·专家答》）

案例 2：

2011 年大风车精品幼儿园秋季全园家长会

时间：2011 年 8 月 31 日下午 3：00

一、会议重点

1. 介绍幼儿园特色：幼儿园全程广播系统、严格的管理制度、标准的一日化流程、高品质的教育教学、有保证的保育，一切均以幼儿为中心。

2. 幼儿园活动：公布校历。

3. 家长工作：网站登录方法、有事直接来园与老师当面沟通，园内组织重要活动时会以园内板报通知、网站通知、短信通知、口头通知的方式告知家长。

4. 为了更好且有效地沟通，希望家长能及时注意查阅信息，家长想了解幼儿在园情况可通过网站、班级QQ群、幼儿园查阅监控、电话询问教师情况，最好有时间来幼儿园当面与教师沟通。

5. 幼儿保育工作：

（1）每周食谱会在幼儿园班级和网站公布，家长有时间可随时来园查看幼儿进餐等情况。

（2）教师每月会对您的孩子进行全面的教育、保育评估，请每月注意查看幼儿园网站或班级QQ群。

（3）教师和生活教师会根据天气来给幼儿增添衣物，秋季将至，请家长为孩子穿合适的方便幼儿添加的衣物，给孩子带一双鞋子，幼儿被褥定期带回家清洗晾晒。

（4）教师会每2周给幼儿采集一次相片，每周组织幼儿展示活动视频，给每个幼儿制作电子相册。

6. 校车管理：

（1）跟车幼儿家长一定要定期来园与教师沟通，每月最少能坚持来园2次。

（2）回家有事及时给教师打电话，因有事或生病不来幼儿园的家长一定要打电话通知教师。

（3）校车定点定时接送，请家长遵守时间，车不等人，家长有特殊情况要提前电话联系告知跟车教师。

（4）为了幼儿的生命安全，如遇大雾、下雪、暴雨、霜冻天气，校车会根据天气情况延迟接送时间或停开。

（5）接送车上不允许他人代接、家中无人接或让幼儿自己走回家，如有此类情况一律把幼儿带回幼儿园。

二、会议流程

1. 主持人致辞。

2. 园长致辞。

3. 团队上场。

4. 园长介绍园况。

5. 教师介绍班级情况。

6. 教师介绍参观班级。

7. 家长注意事项。

案例 3：

家长会

尊敬的各位家长，你们好：

为了我们小一班全体幼儿得到更好的发展，今天我们又坐到了一起，探讨一个多学期在教育方面的成功、不足和今后的发展目标。

1. 经过上学期的学习，全班幼儿的各项能力都有所提高。

具体表现在：

(1) 大多数幼儿都喜欢上幼儿园，有了集体意识并逐渐适应幼儿园的集体生活，同伴之间能友好相处，互相帮助，有合作的意识。

(2) 大部分幼儿的生活能力较好，能做到独立用餐（除了个别孩子挑食、吃饭不专心）、独立睡觉、独立如厕，学着自己的事情自己做，如自己整理自己的衣服、脱下的鞋子排整齐、用餐时桌面能保持整洁、餐后能把餐具放在固定的地方等。早晨入园能主动向老师问好等。

(3) 幼儿喜欢参加体育活动，走、跑、跳等基本动作的协调性增强，适应能力、语言理解能力也有不同程度的提高。

也有需要提高的方面：

(1) 由于现在的孩子大多是独生子女，时常以自我为中心，在活动和生活中常常会表现出任性、自私、娇气的一面。

(2) 部分孩子还存在动手能力较差、依赖性较强、语言表达能力弱等不足。

(3) 还有个别幼儿由于在家比较自由，自控能力较弱，卫生习惯不好，争抢东西的情况时有发生。

(4) 有个别孩子不会拍球、用剪刀、单脚跳，这些还需要家长在家陪孩子多练习。例如，用剪刀，先让孩子练习剪直线，再慢慢增加难度。

2. 这个学期的发展目标。

健康：

(1) 学习一日生活常规，初步养成良好的饮食、睡眠、盥洗、大小便等生活习惯。

(2) 在成人的帮助下，有生活自理的愿望，学习收拾日常生活用品。

(3) 认识五官及肢体，了解其基本功能，懂得简单的保护方法。

(4) 在运动和日常生活中，学习并逐步具有初步的自我保护意识和能力。

(5) 愿意参加体育活动，感受锻炼身体所带来的愉悦。

(6) 在进行走、跑、跳、钻、爬、攀、投等动作和做操时放松自然。

语言：

(1) 愿意与老师和同伴进行交谈，感受用语言进行交流的乐趣，爱听故事、念儿歌、看图书。

(2) 能安静地倾听老师和同伴的讲话，能够听懂并遵照成人提出的要求。

(3) 能用简短的句子回答问题、表达自己的意思，会在集体中口齿清楚地背诵儿歌，并在教师的帮助下复述简短的故事。

(4) 初步掌握看图书的基本方法，在教师的引导下会用简短的句子说出画面的主要内容。

社会：

(1) 乐意参加集体活动，愿意与教师和同伴交往，学习与同伴友好相处。

(2) 了解幼儿园一日生活中最基本的规则，并学习遵守与之相关的规则。

(3) 学习做自己力所能及的事。

(4) 爱父母、长辈、教师和同伴。

科学：

(1) 乐意参加科学活动，如观察、种植、饲养等。

(2) 初步观察周围自然现象的明显特征，积累粗浅的科学经验，感受它们与自身生活的关系。

(3) 初步了解自己的感官（眼、耳、鼻、口、手等）的功能，并会运用感官感知周围事物的明显特征。

(4) 愿意参加数学活动，能在教师的帮助下边玩边讲自己的活动，能按要求拿取、摆放操作材料。

(5) 认识几何图形：圆形、正方形、长方形、三角形。能从周围环境中找出与这些图形类似的物体，并能用这些图形拼搭简单的图案和物体。

(6) 学习用一一对应的方法比较两组物体的多少，认识1和许多，会手口一致地点数10以内实物图形，并能说出总数。

艺术：

（1）愿意参加音乐活动，学习用正确的姿势、自然的声音唱歌，知道歌曲的名称，初步理解简单歌曲的内容。

（2）愿意参加美术活动，体验美术活动的快乐，初步养成大胆作画和手工制作中安全、卫生的习惯。

（3）了解油画棒、水彩笔、颜料、纸等绘画工具和材料，掌握使用方法。

（4）学会用简单的线条、形状任意组合表现简单物体的轮廓特征，知道把重点画大来突出主要部分。

3. 孩子是平等的，我们要尊重每个孩子，给予孩子同等的学习、锻炼机会，以推动每个孩子的进步。当然，我们的工作中也会有不足，我们对孩子的照顾远远不如家长们在家里对孩子的这种一对一，甚至二对一、三对一的照顾来得周到。可能有的孩子尿裤子了、被同伴欺负了等，而我们没有及时发现，在此我们向各位家长表示深深的歉意。如果今后我们在工作中有什么不到位之处，希望家长及时地面对面地向我们提出来，我们会尽量改进。同时，也谢谢大家对我们的信任，希望大家随时向我们了解孩子在幼儿园的情况。

4. 需要家长配合的事情如下。

（1）再强调一下，交托费的事情，每月 30 号之前请您把托费打到卡上，每个月的 1 号刷卡，如果您过了时间就请您将费用交到财务室。请各位家长一定记住，如果您的孩子一个月没上幼儿园，保育费也要照常交付。

（2）幼儿安全问题。

第一，接送孩子的问题，教师上下班的时间是早晨 7：20，晚上 5：20，如果您有事换人接，请您提前亲自告知我们，以免教师不认识代接者而不让孩子走，我们这样也都是为孩子的安全着想，请您理解。如果您的电话有变动，请及时通知我们，万一有什么事情联系不上您而出现问题，请家长自己负责。

第二，请家长理性地思考和处理幼儿之间的打架现象。

孩子天性活泼好动，他们之间有了矛盾动手打人和磕磕碰碰很难避免，孩子的矛盾来去都很快，我们做家长的要给孩子做个好的表率，正确引导，宽以待人，使孩子学会分享，学会合作，学会和小伙伴友好地交流和相处，在此感谢大部分家长的支持和理解。

(3) 吃药的问题。

请家长一定要写清楚：①幼儿姓名；②药名；③服用剂量；④服用时间；⑤您的签字。

注：幼儿园不负责给幼儿服用营养药。如果您不写清楚以上内容，为了幼儿的安全，我们将不能为幼儿服用药物。

(4) 如果孩子有事或是生病了不能来园，请您给我们打个电话告知一下原因。

(5) 特色班有美术班收费 340 元、舞蹈班收费 320 元。

(6) 早晨来园时请家长检查一下孩子兜里有没有装危险物品，如豆子、珠子、口香糖等。

(7) 另外，如您因工作关系没时间与我们沟通，也可以用书信的方式与我们联系。

今天的家长会就到这，再次感谢您的参加，祝愿您在新的一年里工作顺利，万事如意。祝愿我们小一班的每一名孩子健康、快乐地成长。

案例 4：

幼儿园家长会计划

班级：大 1 班

地点：本班教室

参加人：全体幼儿家长

主持人：李红

活动目标：

1. 家长了解幼儿本学期在园各种活动情况以及我班的科研情况。

2. 了解幼儿成长记录册的填写情况。

3. 了解思维课程的情况。

活动准备：

1. 布置家长会现场。

2. 幼儿成长记录册。

3. 新东方幼儿思维训练教材。

4. 家长签到表、笔。

活动过程：

1. 本班幼儿大致情况。（见班务工作计划）

2. 教材使用情况及教师备课本展示。

本期我园使用的是华中师范大学出版社出版的学前班教材，共十一本。本套教材是根据教育部最新颁布的《幼儿园教育指导纲要（试行）》编写的，适合幼儿的年龄特点，分科明确。

展示教师备课本，介绍我班基本教学情况。

3. 我班本期重点主要是两个科研活动，一个是双语实验，一个是幼小衔接实验。（见班务工作计划）

4. 幼儿成长记录册。

展示以前班上已完成的幼儿成长记录册，并向家长进行介绍，请家长注意收集孩子的作品，并且告诉家长应填写的部分及应注意的情况。

5. 家长注意事项。

（1）请家长督促幼儿完成每天的作业。

（2）请家长让孩子学习自己整理书包。

（3）介绍幼儿入园证的使用，强调应坚持使用入园证。

（4）强调入园、离园的时间，请家长不要过早送幼儿入园。

（5）请家长注意不要使用幼儿的厕所。

（6）请家长注意保持幼儿园的清洁，不随手扔东西，不随地吐痰，不在幼儿园吸烟。

6. 思维游戏课程。

介绍思维游戏课程及收费情况，请有意愿的家长登记交钱。

分析：家长会是家长了解幼儿园和幼儿在园情况的一个重要渠道，所以很多家长都会像案例1中的家长一样，满怀期待。案例2、3、4是三个具体的幼儿园家长会计划，案例2是一个面向全园家长的计划，此类家长会主要是向家长介绍幼儿园的概况（包括师资、管理、保教工作等），使家长对幼儿园的总体情况有个大概的了解，既让家长心里有了底，也宣传了幼儿园。案例3、4是以班为单位拟订的家长会计划，这类家长会就需根据本班幼儿的特点，向家长具体地进行介绍，并与家长就幼儿教育教养的各方面进行沟通。这类家长会的内容主要包括幼儿学习、生活概况（已有成绩和该学期教育教学计划）和家长注意事项。案例3是针对小班的家长会，因为小班的孩子基本上是刚入园，所以教师与家长交流的内容会更广、更具体。而案例4是针对大班的家长会，大班家长对幼儿园的工作流程和方式已有很深的了解，所以教师与家长的交流内容就简单、直接些。

沟通要点

1. 提早以书面的形式通知家长召开家长会的时间，请家长准时参加。并提醒家长带上纸笔，便于开会时做好记录，以免遗漏信息，耽误事情，也有利于回去之后向家里其他成员传达会议内容和精神。

2. 选择宽敞、舒适的环境开会，并使用成人桌椅，这会使家长感受到教师对家长的尊重，也会更重视家长会。

3. 在会议期间，教师要安排好对幼儿的管理。开会时，可安排幼儿观看视频或做游戏，其间必须有保育员值班。

任务四　外出活动

幼儿应该从小与大自然、社会紧密联系，因此，外出参观游览成了幼儿园必不可少的活动内容。

外出活动

案例 1：

走进大自然

“小朋友们，咱们走吧，上学校去。我们的学校就在蓝天底下、在绿草地上、在大梨树下、在葡萄园里、在牧场上，咱们把皮鞋就脱在这儿，还是像你们平常那样光着脚走。”你们知道这是谁说的吗？这是苏联教育家苏霍姆林斯基写的《把整个心灵献给孩子》一书中“蓝天下的学校”中的一段文字。我常常被书中描写的场景所感动，幻想着有一天我也带着孩子们来到大自然，把大自然作为课堂，让孩子们充分感受大自然给予的一切。亲子同游给了我圆梦的机会，我不仅带着班上的孩子们，也请来了他们的家长，一同走进大自然。

经常生活在城市里的人，渴望到大自然中呼吸新鲜空气，欣赏大自然的美丽风光，孩子尤为如此。我们利用周末，组织孩子及家长来到大自然中，感知动物、植物的生长变化，了解动植物常识，亲自动手尝试，获取更多的生活经验。大自然有许多神奇的东西，是孩子感兴趣但不容易接触到的。在百鸟园中，园林工人为动物准备了混合饲料，有叶子、小草、豆子、虫子，这些饲料主要是小鸟的食物。家长鼓励孩子去喂小羊，小羊把孩子们手中的菜叶、草很快吃光，有的家长说："拿点别的喂喂试试。"没想到小羊将豆子舔到嘴里，只听到"咯嘣、咯嘣"的声音，原来羊还会嚼豆子。我们都感到很惊讶，孩子们看得更来劲了，纷纷把手中的饲料举到小羊嘴边，让小羊吃个够。孩子们对小动物有了新的认识，也产生了新的好奇：小动物还能吃什么？它喝水吗？……置身于大自然中，孩子们能有机会听一听、看一看、感受感受。

在一次采摘活动中，导游告诉我们要摘草莓了。草莓是孩子们经常吃的，自然很熟悉，来到果园，却找不到草莓树，有的孩子问："老师，树上为什么没有草莓？"当导游把我们领到低矮的绿秧中，才发现矮矮的绿秧上挂满了红红绿绿的草莓，家长带着孩子迫不及待地冲进去，享受起采摘的乐趣。有个家长不好意思地说："我也以为草莓长在树上。"

来到大自然，看到路边的小溪时，有的孩子用手去挡水，有的孩子用瓶子去接水，还有的孩子伸出脚去感受水流，享受着水带给人们的快乐。在松松的黄土地上，孩子们使劲地用脚踢着土，在高低不平的田埂上，他们一会儿上、一会儿下地走着。在浇过水的泥地上，留下许多孩子的脚印。家长放手让孩子去体验，没有责备，只有关注。孩子们相互追逐、戏耍着，家长一边关注着孩子的活动，一边交流着，让孩子充分感受大自然给予的快乐。

苏霍姆林斯基说："到大自然去的每次游览就是一堂思维课，一堂智力发展课。"大自然中蕴藏着丰富的知识，让孩子去发现、去探索，沐浴着温暖的阳光，呼吸着新鲜的空气，这种身体的"解放"，在家里是无法体验到的。家长在体验孩子的这种"疯玩"的同时，也在引导孩子感受、认识、实践，使孩子更加了解大自然、更加热爱大自然。

案例 2：某幼儿园组织孩子外出春游，租了公交公司的那种"大通道"公交车。这种公交车由两节车厢相连，特点是容量大，一辆车能够装载很多孩子。教师为安全起见，在上车前特地清点了一下人数，确认无误后，再看着孩子一个一个上车。由于孩子多，只有部分孩子有座位，没有座位的孩子就由教师和部分陪同的家长拉着手。但还是有孩子不听话，从车头跑到车尾。由于几辆车要同时出发，所以有的车就先等待。在等待的过程中，教师又特意查了一下人数。查到中间的时候，看到许多孩子围在那里笑。教师过去一看，顿时吓出了一身冷汗。原来，这辆车中间的联结处竟然有一个窟窿，而一个孩子已经掉下去了，他正卡在这个窟窿中，对着上面的小朋友们笑呢！

案例 3：某幼儿园组织孩子到植物园春游，快到中午的时候，孩子在一片小树林里休息，边吃点心，边等着车子。几个调皮的孩子在树林里打打闹闹，渐渐跑出了教师的视线。车子来了，一清点人数，发现少了三个孩子。后来，一个老人把这三个孩子带到了植物园门口。据老人说，他是在水库边看到这几个孩子的，发现他们没有大人看管，就带了过来。

分析：“百闻不如一见”，外出活动将学习、生活场所由室内转入了户外，开拓了孩子的视野，增长了孩子的见识。幼儿园在组织外出活动时都会要求家长参加，一是加强交流，促进家园共育，二是保障幼儿的安全。外出活动是幼儿和家长喜闻乐见的，正如案例 1 向我们所展示的，当孩子走进大自然，看到、摸到平时见于书本和电视中的事物时，促进了感官的发展，增长了知识。而家长在体验孩子的这种“疯玩”的同时，也在引导孩子感受、认识、实践，使孩子更加了解大自然、更加热爱大自然。但外出活动的准备是复杂的，除了前期物质条件上的准备外，还要注意活动过程的准备，否则就会出现案例 2、3 中的事故。

沟通要点

1. 做好活动前的调研。

教师要与家长交流，确定活动地点，协调活动时间，做好物质保障。

2. 教师要对出游地点、线路、车辆等问题做周详考虑，制订详细的方案。并要做好孩子外出的安全教育工作，提醒孩子严格遵守交通规则等。

3. 提醒家长做好参加活动的准备。当制订好活动计划后，教师要以书面的形式将活动计划发给家长，以便家长调整工作时间保证参与活动，并做好出行的各种准备。

4. 请家长委员承担一些协调、管理工作，保障出行安全。

复习与思考

1. 父亲在幼儿成长中所起到的作用是母亲不能替代的，但很少有父亲主动参与到幼儿教育中，因此在团体活动中，很少看到父亲的身影。作为一名幼儿教师，如何调动父亲参与团体活动的积极性？请谈谈你的做法。

2. 请设计一个富有中国传统特色的节日活动。

3. 组织外出活动时，应做好哪些准备工作？

项目十一 网络化交流

学习目标

了解几种常用的网络化家园沟通方法；了解各种不同网络化交流方式对家园沟通的不同价值；能恰当地运用网络化交流方式帮助家长解决幼儿的常见问题。

知识储备

本项目主要介绍了目前运用范围较广的网络化交流方式，如幼儿园网站、博客等，并且结合案例分析了在家园沟通中，幼儿园或教师如何利用这些网络化交流方式来与家长进行沟通。

思政目标

建立专业认同感、持续创新、热爱祖国三个方面开展思政教育。

随着生活节奏的加快，许多家长因为忙碌，很少与教师进行面对面的交流。即使家访，教师也常常碰到只有长辈或保姆在家的情况。因此，传统的家园沟通方式（如家长会、家园联系手册等）表现出的互动少、连续性差等弊端都在不同程度上阻碍了家园合作。

案例 1：“老师，黑板上写了什么通知，我不识字。”一位幼儿的奶奶问老师。老师微笑着将所有的通知念了一遍，奶奶听了后说：“回去我会告诉孩子妈妈的。”可不一会儿，奶奶又走回来说：“老师，要不你把通知帮我抄在纸条上让我带回去，刚才的通知我记不全了。”老师把抄好的通知交给奶奶，老人慎重地将纸条收了起来。

案例 2：班级家长会刚刚结束，许多家长却迟迟不肯离去。家长们提的问题层出不穷："我们妞妞年龄小但又比较好强，在幼儿园里能和小朋友友好相处吗？""飒飒由爷爷奶奶带，不在我们身边，我们该怎么配合？""贝贝个性内向，比较孤僻、不合群。老师有什么好办法吗？""琪琪在家吞咽都不太顺利，我们喂食时非常小心，他在幼儿园吃饭怎么办？"老师就像"专家"一样被家长们围得团团转，待逐一解答完问题后，天已大黑了。

分析：从以上两个案例看得出，由于部分接送幼儿的长辈或保姆文化程度不高，对于教师反馈的情况无法如实、详尽地告知幼儿父母，而现代家长比以往任何时候都更关心孩子的发展，也渴望与幼儿教师进行沟通，获得最新的育儿知识。因此，在有效利用传统家园合作形式的同时，利用现有的信息网络技术创设灵活、快捷、丰富、现代的家园合作新形式（如幼儿园网站、班级博客等），不仅可以满足不同家长的需求，也能为幼儿园家园合作工作的开展积累宝贵的经验。

任务一　幼儿园网站

幼儿园网站

今年，2 岁多的梅梅上幼儿园了，但梅梅妈妈坐立不安，因为她不知道孩子能否适应新环境。昨日，梅梅妈妈在幼儿园网站上看到教师建的班级论坛，上面张贴着孩子们上课的照片，写着孩子们在班里的情况。看到女儿的笑脸，梅梅妈妈终于放心了。"今天是孩子们独立在幼儿园的第二天，虽然仍有哭闹的，但只是偶尔，许多孩子进步已经相当大了……"幼儿园小袋鼠班的方老师在论坛里写道。在小袋鼠班的班级论坛里，除了写孩子们的表现，教师还贴出关于孩子入园前家长需要做好哪些准备等文章，而家长也把孩子在家的情况写上来，教师家长互相交流。梅梅妈妈在论坛上留言说："老师真是太有心了，看到小朋友们的一张张笑脸，我笑了又哭，哭了又笑。在孩子第一天入园时，我一直担心孩子不适应，现在在班级论坛上看到孩子开心地吃饭、玩耍的照片，心里踏实多了。"因为许多家长工作繁忙，来幼儿园的次数较少，所以许多幼儿园开通了网站，并给每个班建了班级论坛。每天下班后，教师都会把孩子的情况写在论坛上，让家长随时了解孩子的情况。

一、幼儿园网站的基本组成

随着信息技术的飞速发展，网络进入千家万户，与人们的日常生活密不可分。继校园网络的建设热潮之后，幼儿园也掀起了网络建设的热潮。幼儿园网站的建立，为家园交流搭建了平台，提供了方便。幼儿园可以根据具体情况和要求，在网站上设置“园所概况、新闻公告、家园互动、保育保健、班级主页、资源共享”等版块，实现幼儿园教育向家庭以及社会辐射的功能。以下将简要地对其中一些版块进行介绍。

（一）园所概括

这个版块主要包括幼儿园活动场所、游戏设施、园长介绍、教师风采、办园目标简介等。这一版块可以让家长更进一步地全方位了解从幼儿园的创建到幼儿园的现在，从幼儿园师资力量到幼儿园全方位的管理等。譬如，“教师风采”栏目介绍了每位教师的学历水平、教学经验以及该教师所获得过的荣誉奖项。通过这一版块，家长能够对幼儿园教育形势有较充分的认识，真正理解教师的日常工作，从而发自内心地支持幼儿园工作。

（二）新闻公告

在这一版块，教师可以及时地发布幼儿园的活动通知，或者是幼儿园里所发生的小故事，以及社会上出现的与幼儿园相关的新闻等，让家长及时了解幼儿园的重大消息。

例如，笔者在幼儿园网站“新闻公告”版块上发了这样一条消息：明天请每位幼儿带一辆车来园，我们将进行“车轮转转转”运动会。只见第二天，有的幼儿骑来了自行车，有的幼儿开来了小汽车，有的幼儿则带来了扭扭车、滑板车……有了这么丰富的活动素材，孩子们在“车轮转转转”活动中，玩得热火朝天，不仅认识了各种车辆的外形特征，还都参与了骑车、开车比赛，体验到了游戏的乐趣，体会到了与人分享的快乐。

（三）家园互动

家长来自各行各业，具有不同的社会背景，蕴藏着丰富的教育资源。为了拓宽家长的思路，促进家长之间的相互交流与学习，教师可以根据家长的需求，在这一版块中展开主题讨论，共同探讨幼儿教育中遇到的问题和困惑，使原本教师和家长间的单纯联系变成了教师和家长、家长和家长间的联系，使家园互动更加丰富和立体化。

譬如，学校开展“时装秀”活动，就有卖服装的家长为活动出谋划策，出了许多自制时装的金点子；开文教店的家长则免费为活动装饰舞台；开照相馆的家长前来拍摄，宣传幼儿园的活动等。

通过家庭与幼儿园之间的合作，各种教育资源和力量能够得到有效的组织和合理地利用，从而为幼儿教育过程注入新的生机和活力。

（四）保育保健

这一版块方便家长和幼儿园保健医生、教师针对幼儿的保健问题进行交流。教师可以为家长介绍一些有关幼儿保健方面的知识；或由家长推荐一些较好的营养卫生方面的文章，如冬季的小儿保健常识等；或者在这里共同探讨如何进行幼儿保健等。譬如在这一版块中，幼儿园将每个星期的食谱发布出来，家长和教师可以就儿童的饮食问题相互交流，家长还可以提出一些问题和建议，完善幼儿园的食谱。

（五）班级主页

在幼儿园网站上创建各个班的班级主页，包括班级介绍、班级活动剪影及班级论坛等内容，由各班教师负责自己班的班级主页的信息更新。在班级主页中，教师可以将教学计划和内容，各类通知，幼儿教育优秀文献或经验，反映幼儿在园表现的各种作品，幼儿参加幼儿园活动的照片、音频或视频等资料上传到网页上；幼儿家长通过浏览网络平台内容来获取育儿知识和了解孩子在幼儿园的情况；同时幼儿家长可以就浏览内容与幼儿教师进行沟通，提出自己的意见，解决育儿过程中的困惑，尤其在班级论坛中，家长和教师沟通的内容总是让人感动。

案例：熠熠妈妈留言：“我家熠熠自进入小一班过上集体生活后，就变得成熟了，讲话总是我班怎样怎样。那天熠熠突然发烧，接到老师电话后我用最快的速度到达幼儿园。熠熠正躺在老师怀里，那一幕我到现在想起来还很感动。第二天他还不想请假。熠熠每天都把一天的成绩、一天的故事带回，晚上总是唱着‘睡吧睡吧我亲爱的宝贝’入睡。原来他总是天天想妈妈，现在他有了自己崇敬的老师，有了自己喜爱的班级，还有了可爱的小伙伴。他已经成为小一班的忠诚卫士。虽然他的能力比其他小朋友还差一些，但是我看得出他在努力，感谢老师给他的帮助。”

老师回复：“比起刚上幼儿园，熠熠有了很大的进步，我们也为他的进步感到骄傲和自豪！在今后的日子里，希望我们多沟通，共同帮助孩子进步，为孩子撑起一片蔚蓝的天。”

（六）资源共享（包括园刊、教育活动或专家科研讲座的音像资料等）

在这一版块内，教师可以提供多种幼儿教育专刊、早期教育报、育儿资料、优秀网站推荐资料，以及班级活动录像，如小一班新年联欢会、小二班穿衣服比赛、中二班亲子运动会等；或者一些在线观看的简短活动录像，如小一班唱园歌、庆三八电视新闻、母子连心趣味活动等。这一版块内的资料也可以是教师和家长共同收集的，并根据主题活动的变化，经常更新相关资料。

二、幼儿园网站对家长工作的意义

幼儿园网站是幼儿园教育信息化建设的重要方面，也是加大幼儿园对外交流与宣传力度，提高教学、科研、管理质量的重要途径。在全球信息资源网络化的今天，幼儿园网站作为幼儿园在数字世界的展示窗口，对于促进教师专业化发展，加强幼儿园自身建设和发展都具有重要的作用，更为家园沟通提供了一个方便、快捷的新平台。幼儿园网站增进了幼儿园与家长之间的相互了解，也使家园之间的沟通更为便捷、畅通。

（一）有利于家长全方位地了解幼儿园，增进家长与幼儿园之间的理解

幼儿园全方位在网站上展示园所实力，从课程改革、教育科研到教师的专业培养，都能在网站中一一体现。并且幼儿园可以利用网络传播快捷的特点，配以精美的图片，在网站上及时报道幼儿园丰富多彩的教育教学、亲子活动，如创意运动会、英语音乐童话剧等，使家长对幼儿园有一个全面的了解。同时，由于网络论坛具有特有的虚拟性和互动性，家长和教师都可以在一个较为轻松的环境下畅所欲言，这样更有利于教师和家长之间的理解和沟通。

比如，某幼儿园网站专门设立了“园长在线交流专区”，家长可以与园长直截了当地沟通，这样的机会在现实生活中比较少。在网站上，园长可以公布相关活动方案，家长可以仔细阅读活动方案并提出自己的问题和建议，园长直接在网站上回答家长的问题，并根据家长的建议改进活动方案。而且，家长也可以利用论坛咨询关于幼儿园方面的问题或针对幼儿园的个别问题提出自己的建议。比如，通过论坛，家长可以及时、准确地得到幼儿园招生及教育教学方面的信息。

（二）有助于家长超越时空的局限，了解孩子在幼儿园里的学习、生活情况

考虑到有一些家长经常出差，不能来幼儿园，幼儿教师可以将孩子在园参加教育

活动、游戏、生活的照片刊登在网站上，让家长能随时随地全面了解到孩子在幼儿园的学习情况，并且教师可以通过网站将孩子在园的情况反馈给家长，而家长即使没空到幼儿园也能通过网站“留言”与教师交流。这样做不仅能使家长及时了解孩子在园情况，消除他们的顾虑，使他们更好更主动地配合幼儿园的教育，而且把幼儿园教育延伸到家庭中，提高了教育效果，增强了家园沟通的力度。

（三）有利于发挥多方家长的积极主动性，促进家园间的资源共享

随着网络的不断普及，教师和家长的网上交流也日渐频繁，这样更方便教师及时了解家长的家教思想，从而引导家长树立正确的育儿观念。在网站上，教师可以及时刊登教师、家长的教育活动心得、教育经验，同时，教师或家长发出的邀请或求助信息可以进行多方互动，这样不仅充分调动了家长的积极主动性，也为家长提供了一个学习交流平台。

案例： 宝宝妈妈在班级论坛上说：“秋冬气温寒冷，小儿不注意就会着凉。特别是呼吸系统弱的孩子，一两声咳嗽足以让家长担心不已。一方面，我们都想着，孩子生病不可避免，反而可以激发自身免疫力，无需过度担心；另一方面，又害怕孩子咳嗽不受控制，发展迅速，万一引发支气管炎甚至肺部炎症，又该如何是好？面对这一两声咳嗽，咳在娃身，疼在妈心，唉。求教刘老师和各位妈妈：小儿流涕，一两声咳嗽，家长应该如何应对呢？”这条信息的发表时间为17：24，随后在第二天的9：21到16：50，有2位老师和4位家长对这个问题进行了回复。他们通过回复信息从多个角度提出了建议和方法，让求助的宝宝妈妈感觉受益匪浅。

（四）有助于增强幼儿的集体荣誉感和家长的凝聚力

因为幼儿的集体意识比较弱，所以教师塑造集体的能力以及家长的集体意识对推动幼儿发展具有重要作用。譬如，通过幼儿园网站上的信息传递与交流，教师能够及时地对家长进行季节性的健康、卫生以及安全方面的教育提示，家长之间也能进行保育和教育经验的交流，尤其是对年轻家长来说，当孩子生病或出现问题行为时，由于没有经验而不知所措，在网络沟通中就比较容易感受到温暖、关怀与帮助。班级里的其他孩子作为与自己孩子健康成长密切相关的重要他人，也让家长感受到了一个相亲相爱的集体对孩子的重要意义。所以，网络沟通增强了孩子对幼儿园或班集体的归属感，能够培养家长在家园共育中的凝聚力。

任务二 班级博客

在孙老师班上，有几位幼儿家长经常在外地出差，不能来幼儿园，平时都是由爷爷奶奶或者保姆接送孩子，但是孩子的父母还是很不放心，非常想了解孩子在幼儿园的生活与学习情况。虽然他们经常打电话，但想要全面了解孩子的情况也是不太现实的。后来孙老师在互联网上创建了本班的班级博客，将孩子在园参加教育活动、游戏、生活的照片放在博客上。这样家长能随时随地上网，全面了解到孩子在幼儿园的学习情况，并且孙老师通过博客将孩子在园的情况反馈给家长，而家长即使没空到幼儿园也能通过博客“留言”与孙老师交流了。这样那些平时不能亲自接送孩子、想要了解孩子但又不方便直接联系孙老师的家长，就可以直接通过博客与孙老师进行“零距离”沟通了。他们说：“远在千里之外能看到孩子和他认识的小朋友，在外工作也会很放心，感到很欣慰。”由此可见，小小的班级博客不仅使家长及时了解了孩子在园情况，而且把幼儿园教育延伸到家庭中，提高了教育效果，增强了家园沟通的力度。

博客不仅促进了教师的自我反思和专业发展，提升了教师的自我效能感，而且有效地整合了教育信息资源，促进了资源的共建和共享、信息的交流和积累。

一、幼儿园班级博客的基本组成

以博客为信息环境载体，幼儿教师和家长不仅可以写一些关于教学的反思、育儿经验和感触，为其他教师和家长提供丰富的实践素材，而且可以通过自己的博客，在线得到来自全国的学前教育专家、教师以及幼儿家长的帮助。幼儿园班级博客以其特有的专业性、即时性、互动性、开放性，对促进幼儿和谐发展、实现家园共育、推动教师专业成长具有很大的促进作用。幼儿园班级博客一般包括以下三大模块。

（一）宣传介绍模块

1. 教育教学计划。

在“教育教学计划”栏目中，为了让家长及时、全面地了解幼儿园教育目标，配合幼儿园对幼儿进行教育，幼儿教师可以将制订的周、月或学期教学计划都放在网络平台上并及时更新，家长只需轻轻点击鼠标就可以了解本周教学重点和需要配合的事项；及时公布幼儿要学习的诗歌、歌曲、故事等内容，以便让家长帮助孩子掌握、巩固，从而使家长对幼儿园的教育教学工作有更深入的认识，对班级开展的一系列主题活动也更积极、主动地配合。

案例：开展"安全每一天"主题活动时，我将一些安全知识图片发到班级博客上，并配上简洁、上口的安全儿歌。这样，家长和孩子可以一边看图片，一边念儿歌，使孩子将安全知识牢记在心里。

2. 通知与班务。

幼儿园每个学期都会开展形式多样的活动，在开展活动之前需要事先通知家长，达到让家长心里有数，予以积极配合和参与的目的。在博客上，教师可以利用公告栏或者"爸妈看过来"栏目向家长及时发布各类活动的通知。

（二）分享展示模块

1. 活动掠影。

教师可以用手机、数码相机或数码摄像机将孩子们在幼儿园或园外的活动场面记录下来，并将这些照片或录像及时放在博客上，让家长无论是在家里，还是在办公室里，甚至是在外地出差都可以真实地了解孩子的生活、学习情况。

案例1：9月23日是中班幼儿雯雯的生日，老师和全班幼儿给雯雯举办了一个生日庆祝会。雯雯在幼儿园度过了一个愉快的生日。老师也将小寿星过生日的场面用数码相机拍摄了下来，配以甜美生动的文字上传到博客上供大家浏览。

案例2：秋天到了，在"走近大自然，走进农家"的亲子活动中，老师和家长带着孩子走进农家果园，去感受秋天的变化，并参加"采摘果实"活动，把自己在秋天的收获与大家分享。家长把孩子采摘果实的瞬间拍摄下来留作纪念，并和孩子在老师的指导下共同制作了树叶贴画。活动结束后，老师把树叶贴画的照片上传到班级博客上供大家欣赏。丹丹爸爸在博客上说："在这里，有孩子们跌倒了又爬起来的坚毅，有孩子们歪歪扭扭的足迹，有孩子们的欢声笑语，而更多的是老师付出的辛勤汗水。是老师的汗水浇灌着小屋里的每一朵花，他们才得以茁壮成长。看，每一朵花都是如此鲜艳！"

2. 科学育儿。

幼儿教师是专职的教育工作者，懂得儿童身心发展的特点和规律，掌握科学的幼儿教育方法，对孩子的教育是有目的、有计划和有组织的。但是幼儿家长往往缺乏正确的育儿方法，他们会试图通过购买相关书籍、咨询专家、上网查询等来获得所需的正确育儿知识。因此，教师可以定期上传和更新一些优秀幼儿教育文献和关于育儿经验的文章，使幼儿家长方便地获得家庭营养知识、家庭教育方法、新的教育观念与实践等。

案例：在孩子入学年龄的问题上，家长们各持己见，有的家长说早点好，有的家长说迟点好。于是，我发表了一篇针对此问题的指导性文章——《孩子几岁入学好》。家长在评论中说道："没想到困扰我很久的问题，在这里找到了答案。根据孩子的情况，我觉得她属于心智成熟较晚的孩子，所以我打算让她迟点上学。"

3. 幼儿作品。

博客的相册、视频等栏目可以为幼儿提供展示他们作品的天地，教师可以把体现教学成果的幼儿图画、手工作品、表演节目的音频和视频等上传到博客上，不仅可以供幼儿的家长和幼儿查看，同时网络的开放性也能为其他幼儿家长提供一个择校的依据。

（三）互动共享模块

1. 讨论、共享区。

幼儿教师和家长可以把自己在教学、育儿过程中遇到的问题发布在网络平台的论坛上，大家一起讨论。同时，教师和家长也可以把一些有利于幼儿身心发展的好提议发布到论坛上供大家分享。教师还可以利用论坛中的投票调查功能，对各类提议设置投票调查，方便统计与公布大家对提议的最终态度。在真诚的交流中，教师和家长的教育理念将悄悄地发生改变，获得成长。

2. 激励区。

在这一栏目，幼儿教师把家长为班集体所做的点点滴滴发布到论坛上，既向这些家长表示了感激，同时又可以激励其他家长。在相互激励下，班上的好人好事自然层出不穷。同时家长也可以通过论坛，向教师表示理解、慰问与感谢。

二、幼儿园班级博客的特殊作用

博客应用于家园互动的形式是丰富多彩的，博客的设立为教师和家长间建立起了

“提高家长自身的发展和教育孩子的能力的平台”“教师和家长真诚友好协作的平台”“对幼儿综合评价的平台”等。

（一）能够提高家长自身的发展和教育孩子的能力

我国教育家陶行知指出：“生活教育是生活所原有、生活所自营、生活所必需的教育。教育的根本意义是生活之变化。生活无时不变，即生活无时不含有教育的意义。”幼儿期是一个人个性品德开始形成的关键期。并且人们已经很清楚地意识到幼儿教育不能局限于幼儿园这一范畴，家庭作为幼儿生活、学习的最主要场所，在幼儿教育中正发挥越来越重要的作用。在教育孩子的过程中，家长必然扮演着双重角色，既是孩子的第一任教师，寓教于家庭的生活之中，又是学前教育机构的亲密伙伴。因此，家长只有提高自身修养，不断优化自己的道德行为，才能在幼儿思想道德品质的形成过程中让其回归生活、回归真实、回归自我并加以内化和升华，进而形成高尚的道德情操。通过参与博客中的一系列活动，家长从关心幼儿的兴趣需求到积极投入家园共育，与幼儿、教师互动互助，共同学习、共同成长。家长既是参与者、支持者，又是合作伙伴和亲职教育者，从而真正显现了在“以人为本”的课程理念下家园共育的优势。

案例：“要不是看了李老师在博客里写给家长的教育感悟，我可能还是一个喜欢武力育儿的爸爸。”大二班幼儿玉玉的爸爸感慨着。玉玉的爸爸是个急脾气，女儿如果不听话，他的教育方法就是打。去年6月16日，因为女儿看电视不肯做作业，他一怒之下把女儿狠打了一顿。过去还挣扎反抗的女儿，那一次只是默默地流泪，眼神充满怨恨，看得他心里直打战。

当天下午，他在女儿班主任李老师的班级博客里看到一篇日志，“孩子的成功源于你是否会做个聪明的家长”。李老师在文中写道，好的关系胜过许多教育。父母什么时候与孩子关系好，对孩子的教育就容易成功；什么时候与孩子关系不好，对孩子的教育就容易失败。聪明的家长要找准自己的“定位”：不当“法官”，学做“律师”；不当“裁判”，学做“拉拉队”；不当“驯兽师”，学做“镜子”。

玉玉的爸爸说，曾以为自己对孩子的各种指令都是正确的，后来静下心来检讨，原来自己扮“法官”“裁判”和“驯兽师”的时候太多，尊重孩子意见、与她平等沟通的时候太少。“李老师不仅教女儿学知识、学做人，还帮女儿找回一个可亲的爸爸。”

（二）可以促进教师和家长真诚友好协作

教师利用博客进行家园互动，可以从家长那里获取更多有关幼儿的有效信息，了解家长对教育的理解和期望，并从他们所拥有的专业知识和工作经验中获得帮助。在博客上，家长也可以学习幼儿教师先进的教育观念、教育技能和教育经验。而家长通过博客对班级教育进行了解后，也会积极、主动地配合幼儿园的教育。

案例 1： 家长经常反映，在家里问幼儿："今天你学了些什么呀？"孩子总是爱理不理，你问多了，他还很烦你，导致家长手足无措。这是因为家长不了解孩子不同年龄段的发展特点和学习特点。于是我们将每个不同年龄段孩子的心理、年龄特点与如何游戏化互动的方式在"温馨提示"中告诉家长，帮助他们走进幼儿世界。

案例 2： 在上次开展"伞的世界主题活动"时，我们班家长在博客上看到了这个信息之后，马上主动上网查找相关信息，周一早上孩子们就拿着各种各样有关伞的图片、问题及答案到了班级，为教师更好地开展有关伞方面的启蒙教育提供了资源。正是有了在班级博客下进行的积极互动，教育活动才开展得生机勃勃，幼儿也从中获得了深入的、实质性的发展，教师和家长之间的配合也更默契。

（三）可以帮助家长与家长之间进行良好互动

每个家长带着孩子一路走来，从不同方面多多少少都会有一些经验。在博客上，家长之间的互动会因为彼此具有相似性而能够激起情感上的认同。班级博客给家长提供了一个良好的互动平台，教师也可以充分利用家长之间的相互作用来提高家园互动的成效。

案例： 在班上，清清是一个比较胆小的孩子，同伴关系不好，所以别人不和他玩。清清妈妈对此也是束手无策，非常苦恼，后来有几位家长在博客上将成功的方法献了出来。清清妈妈学习、实践后感悟良多，在博客中留言："我们过去真的没有付出太多的耐心，太顺其自然了，孩子害怕交朋友，我们就没有想办法帮他克服。在孩子教育方面还真是要多看看、多学学。"这让我们看到，在博客这个平台上，家长不仅可以看到彼此育儿的方法，以取长补短，更重要的是，家长之间的沟通促使了感情的增进，也提高了孩子的能力。

（四）有利于实现幼儿之间的良好互动

有很多小朋友的性格很内向，在幼儿园中往往被别人的光环所遮住，但他们也希望教师关注自己，也渴望表现自己，而博客为他们提供了一个展示的平台。

案例： 我班的齐齐小朋友是一个比较内向的宝宝，平时不太敢与同伴交流，但国庆节那天，他让爸爸在博客上发了一张敬礼的照片，说："祝亲爱的祖国生日快乐！"

并向所有的同学问好，我们及时表扬了他，认为他这样做很好，也希望他能够把更多的照片传上来与大家分享。齐齐的父母每年都有很多机会带孩子旅游，所以从那以后，每次回来他都会让爸爸妈妈将照片发到博客中，向大家介绍各地名胜古迹，与大家分享他的快乐。孩子们看到这么漂亮的照片都兴奋不已，上幼儿园时都抢着向他询问，他感到无比的自豪与快乐。这样的交流多了，齐齐的性格也自然而然地大方了。

孩子们通过班级博客建立了自己的博客，他们每天都有说不完的话题，因为他们都有自己的一片与众不同的天地与大家分享，让大家认识自己，同时自己也越来越自信了。在他们的交谈中，你会听到："今晚请你到我家坐坐，看看我的……"

（五）真正实现了对幼儿的综合评价

在博客里，可以放上幼儿的相册，展示幼儿的风采，记录一个个精彩难忘的瞬间。在班级博客中，幼儿的参与给了我们更多了解他们的机会和时间；他们的诗歌、故事让博客更加生动；他们的纯真妙语让博客充满童趣；他们在各项活动中的精彩表现被及时呈现，让家长十分自豪。因此，通过应用班级博客，教师和家长对幼儿也有了比较客观公正且全面的评价，幼儿得到了尊重，也变得更加自信。

（六）在时空上拓宽了家园互动的范围

将博客应用到家园联系中以后，家长和教师的互动范围在时空上得到了拓宽。这种互动范围的拓宽克服了教师和家长之间因为时间不一致导致的交流障碍，使得互动得到延展，并且因为博客网络的无限性，家园联系也就变得无限，并不因为一天课程的结业而结束。博客成了教师了解幼儿在家情况的一个窗口，真正实现了"交流无极限"，构建了一个无限信息交流平台。

案例 1：彭彤爸爸留言：蒲老师、仲老师，我是彭彤爸爸，我想知道彭彤现在在学校的表现如何？据其外婆讲，彭彤在家不爱吃饭，不知她在校是否吃得比较少，请老师多花点心思。

老师回复：彭彤在幼儿园挺能干的，也很听老师的话。吃饭的问题我也听她外婆说过，我们也与她谈了心，她在幼儿园吃饭还不错，请不用太担心。

案例 2：一位驻守在边疆的幼儿父亲在博客中留言道：能在雪域高原见到孩子的照片，了解到孩子的在园情况，我心里特别高兴，感谢老师们了！

任务三　其他通信工具

其他通信工具

如果说幼儿园网站和班级博客的构筑为家园共育提供了一个全体参与的平台，解决了家园共育中的许多共性问题，而 E-mail、QQ 群等因其能一对一、一对多、多对多沟通的特性，更有利于解决家园共育中的个性问题，使家园沟通更有针对性，尤其针对因工作关系不能自己接送孩子，但又很想与教师共同探讨孩子的教育问题的家长来说，QQ 等即时聊天软件为其提供了方便。家长可以根据自己的需要，和教师约定在网上交流的时间，甚至可以利用网上聊天工具和摄像头，与教师进行视频聊天，了解幼儿在园情况。

一、QQ 群

QQ 是一种免费聊天工具。群主在 QQ 中建立 QQ 群以后，可以邀请朋友或者有共同兴趣爱好的人到同一个 QQ 群里聊天，还可以使用群 BBS、相册、共享文件等多种方式进行交流。班级 QQ 群不仅能够拓展家园沟通的内容，而且可以提高家园沟通的质量和效率。

（一）家园沟通及时便捷

通过班级 QQ 群，家长和教师之间的信息传递变得及时、准确和便捷。一方面，通过 QQ 群公告，教师等管理员可以展示班级的活动通知、活动准备、放假时间调整、温馨提示等内容，每个班级群的成员都能够及时、准确地看到，并通过讨论加以了解或相互转告。

案例：“尊敬的家长：亲子教育沙龙活动于本周四下午 3：30，在幼儿园舞蹈室进行，请各位爸爸妈妈准时参加，感谢您的配合与支持！”（班级通知）

“尊敬的家长：班级里近期开展‘玩具’主题活动，请配合收集幼儿的各种玩具资料，并带一个玩具来园，感谢您的配合与支持。”（活动准备）

“尊敬的家长：近期天气变冷了，请您及时为宝宝增加衣服，并预防感冒。感谢您的支持与配合！”（育儿重点）

通过这样的QQ群公告，教师可以更加便捷、高效地向家长传递信息，极大地提高了教师的工作效率。

（二）家园共育变得积极有效

家园共育离不开家长的支持、理解和主动参与。在班级QQ群里，家长可以了解到幼儿园教育活动的内容，学习教育知识，这为家长支持幼儿园教育活动打下了一定的基础。并且在班级QQ群里，参与式的讨论可以激发家长主动参与幼儿园教育教学活动的热情，推动家园共育变得积极而有效。譬如，有的幼儿在幼儿园里能跟上大家的节奏，而在家中拖、磨现象严重，家长对这一问题束手无策。作为教师，可以在幼儿园各项活动中利用多种手段对幼儿进行教育引导；当幼儿回到家后，还可以利用QQ跟家长聊一聊、跟孩子聊一聊，及时沟通教育策略，对孩子的行为进行督促纠正，使教育更具有实效性。

案例：好多家长反映，孩子在幼儿园是“小绵羊”，回家就成了“大灰狼”，说一不二，在园自己的事自己做，穿衣、吃饭、生活有规律，一回家就发脾气、挑食、动画片看不够不睡觉……虽然在班上，我也曾反复强调，故事、道理没少讲，可是收效并不好，后来我告诉孩子“幼儿园有电脑，老师和小朋友家也有电脑，所以你们在家的表现，老师在家中电脑上都可以看到”。晚上在QQ群里我和家长交流，请他们将孩子回家后的表现在群中做一表述。第二天，当孩子来幼儿园时，我就将他的表现说出来，如“××昨天就看了一集动画片”“××昨天没让奶奶喂饭自己吃的”“××昨天帮妈妈收拾碗筷了”。看着孩子们吃惊或高兴的表情，我笑了，孩子也笑了。我对表现好的孩子进行全班表扬并贴了小星星，鼓励孩子继续努力；对略有不足的孩子给予提醒，让他们改正存在的问题。家长们看见孩子回家后一天天的变化，都说这个办法真好。

（三）个别化教育得以进一步促进

利用班级QQ群进行沟通，突破了时空的限制。教师在QQ群里可以借助文字、有趣的表情和各种温馨可爱的图片等进行沟通，在这种氛围下更容易拉近教师和家长的距离，敞开心扉，畅所欲言地进行交流。教师可以通过聊天窗口单独与家长进行沟通，交流幼儿的近况；可以针对幼儿发展面临的共性问题开展网上家长讨论会，共同商讨教育的方法；也可以针对幼儿的个别问题展开个性化教育，这种一对一的交流方式具有较强的针对性，可以有效地促进教师、家长去发现孩子的闪光点，尊重幼儿学习与发展的个体差异，可以促使个别幼儿得到有针对性的教育，优化了家园共育的教育效果，促进了个别化教育的开展。

案例：开学不久，针对如何培养宝宝的生活自理能力，在班级QQ群里，家长和老师展开了一次讨论。

T（教师）：大家好！

A（家长）：老师好，我们家宝宝今天在幼儿园表现怎么样？

T（教师）：今天表现很好，不过中午不肯吃饭，还是老师喂的。

A：她在家也是不肯吃呀，真拿她没有办法。

B（家长）：是不是照顾得太多了，太宠了？

T（教师）：我们前几天还在讨论呢，该如何培养宝宝的自理能力。

C（家长）：多给宝宝一点儿机会让他自己锻炼。

D（家长）：多让宝宝从穿袜子等小事做起。

T（教师）：是呀，生活自理能力要不断地练习，锻炼手眼协调等能力。不管宝宝做得好不好都要多鼓励，慢慢地自理能力就提高了！

A（家长）：嗯，明天开始让宝宝尝试着做。

就这样，通过聊天窗口，大家围绕如何培养宝宝的生活自理能力展开了精彩的互动。

（四）丰富家园沟通的内容

班级QQ群的共享空间可以存放很多资源，如主题活动的儿歌、歌曲、照片等。

案例：班级里的“小医院”一直都是孩子们很喜欢的角色游戏区域，最近通过玩“小医院”的游戏，每次打针都哭、都不肯吃药的彭彭有了很大的进步，这都是他勇敢的小伙伴们的功劳，教师用相机记录了这一精彩的片段，并上传到了QQ群共享里，引起了群里家长们的极大关注。

将资源上传到群共享，即使一些家长没有时间来园，也可以通过班级群看到宝宝在园原汁原味的精彩活动，了解到近期孩子在园的活动情况和内容；也可以通过网络多媒体了解到生动形象的儿歌、歌曲等学习内容，共享学习教育资源，使家园沟通的内容变得更加丰富。

二、E-mail

E-mail 指电子邮件，又称电子信箱，是互联网应用很广的服务之一。它可以把文字、图像、声音等文件以非常低廉的价格和非常快速的方式，发送给世界上任何一个角落的网络用户。E-mail 传输的信件内容只有收发双方可以阅读，适合交流一些不便让第三者知道的话题。而现在，年轻的家长们基本都能掌握 E-mail 的收发。根据调查，随着现代信息技术的发展，电话、书信等传统的沟通形式已不能满足实际需要。这种情况下，电子信箱就能很好地发挥作用。

案例：小班苗苗的父母都不在上海工作，通常要半年才回上海看望孩子。可是父母在外地非常惦记自己的女儿，担心幼小的孩子远离父母，由祖父母带会影响她的身心发展。为了消除家长的后顾之忧，班主任老师一方面像妈妈一样关心苗苗，经常与苗苗的祖父母沟通，另一方面定期利用 E-mail 把苗苗最近在幼儿园的情况告诉远在外地的爸爸妈妈，共同讨论苗苗的教育问题。网络使家长与老师的心贴得更近了。在圣诞节，苗苗的父母专门从外地寄来了一张贺卡表达对老师细心照顾自己女儿的感激之情。爸爸妈妈在贺卡中感慨地说："我们有时责怪自己，作为父母没能在她需要父母亲关爱的时刻及时给予她温暖、平静的港湾。现在看来，我们完全可以放心了，你们已赋予她更多的关爱……"

三、微博

微博即微型博客，微博作者不需要撰写很长的文章，大部分用微博表达心情、传递通知、转发消息。微博可以快速地传递信息，传递关心，也展示着信息化社会里的快捷沟通方式。微博是现在网络上流行的沟通工具之一，很多教师和家长都有自己的微博。

在幼儿园中，教师将孩子的表现通过微博来展现，虽然可能是一句简单的话或者一张小小的照片，但都体现出了教师的用心。家长可以阅读并点评教师的微博，以及和教师或者其他看微博的人来个小小的沟通。这样的沟通方式是新型的、多角度且快捷的。对教师来说，微博更快更及时，家长可随时了解孩子在园动态，而家长也可以通过微博第一时间看到幼儿园的最新通知。

案例："2 月 19 日 20：41。大班组的小朋友们注意啦：新的韵律操视频已发布，赶紧和老师一起多多练习，周一早上我们要做早操啦！”

“2月20日17：13。亲爱的小朋友们，明天气温较低，要注意保暖哟！”

“2月21日20：09。很喜欢‘野生救援’的那个公益广告，大朋友和小朋友都要爱护动物。”

“2月22日15：48。2月22日作业：①家长出题，复习关于‘0’的加法。比如，5+0=5。②拼音ei写三排。”

这是幼儿园刘老师每天写给学生与家长的微博，她以“阳光班级”之名开通微博，与家长、学生、同行分享和交流教育心得。

复习与思考

1. 网络化的家园沟通方式相对于传统的沟通方式有什么优劣势？

2. 假如你是幼儿教师，在网络化家园沟通的过程中应该注意些什么？

参考文献

[1] 晏红．幼儿教师与家长沟通之道［M］．北京：中国轻工业出版社，2014.

[2] 刘晶波．社会学视野下的师幼互动行为研究：我在幼儿园里看到了什么［M］．南京：南京师范大学出版社，2006.

[3] 张春炬．幼儿教师的家长工作技巧［M］．北京：中国轻工业出版社，2014.

[4] 陈鹤琴．家庭教育［M］．武汉：长江文艺出版社，2013.

[5] 步社民．给幼教实习生的 101 条建议［M］．南京：南京师范大学出版社，2007.

[6] 韩智，凌春媛．幼儿园家长工作实操指引［M］．北京：北京师范大学出版社，2018.